DIE MOTIVE DIESER AUSGABE

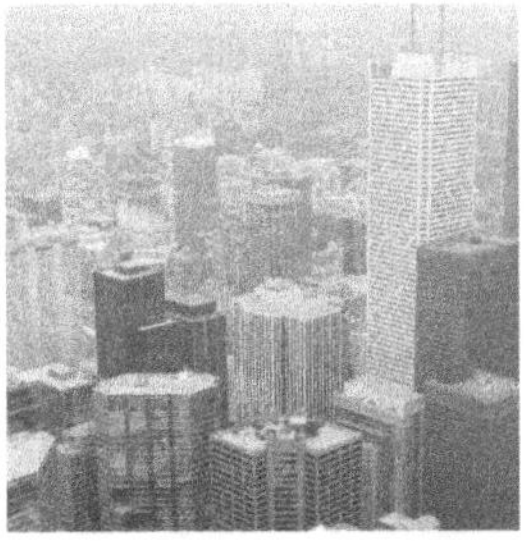

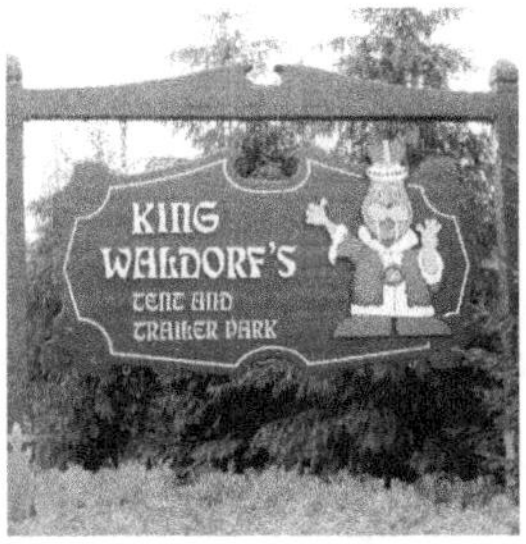

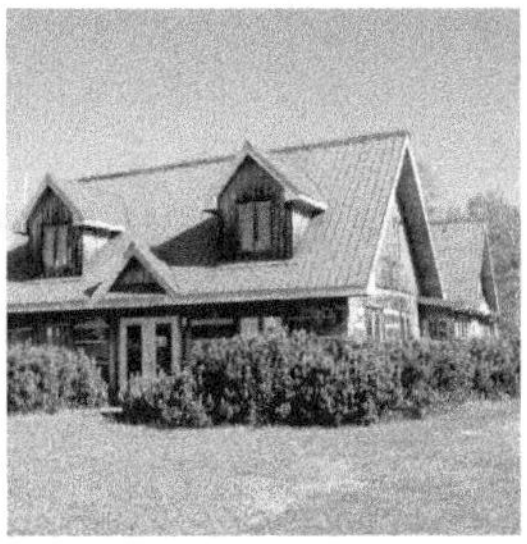

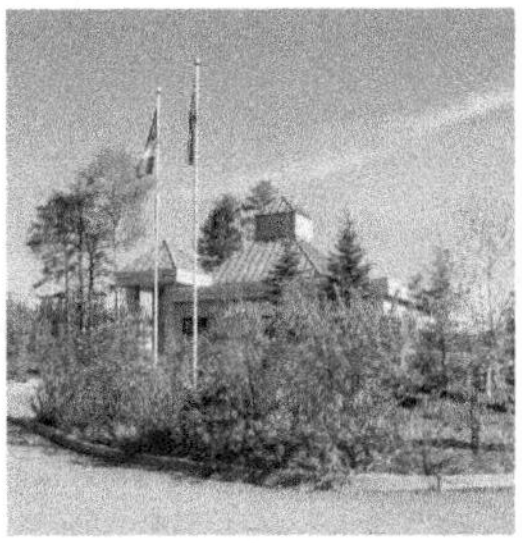

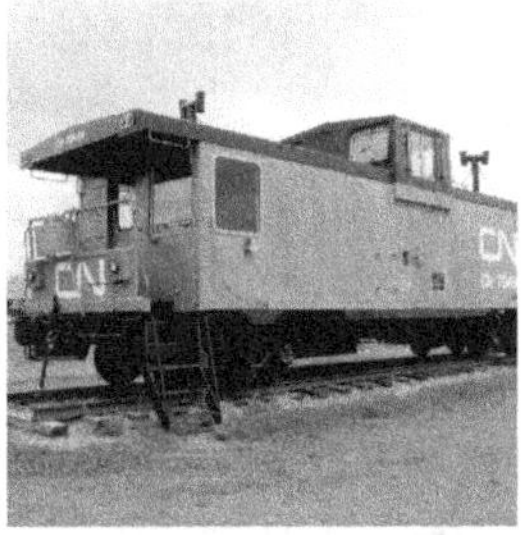

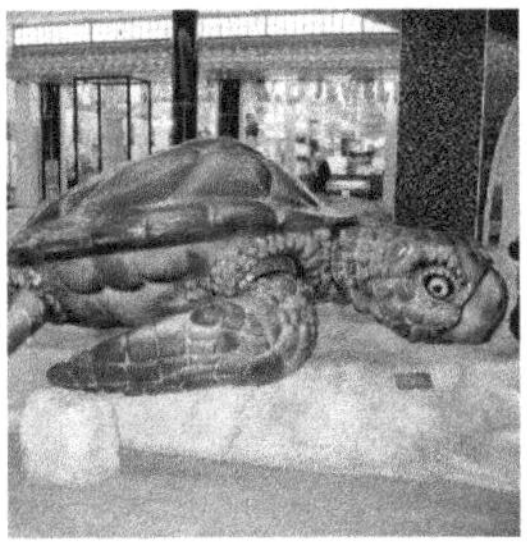

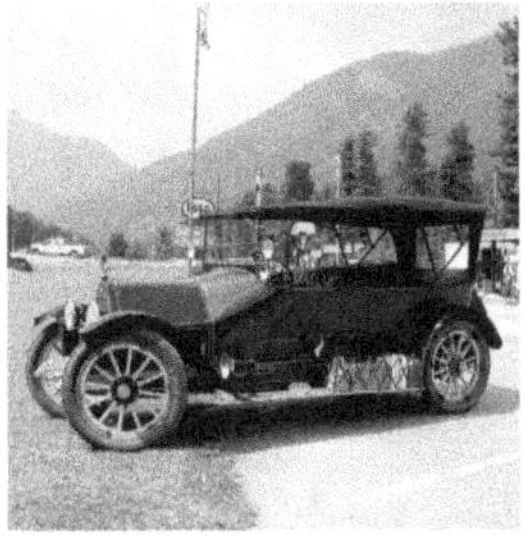

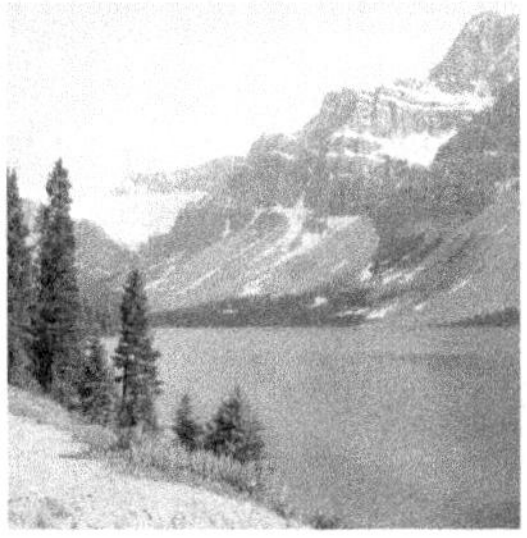

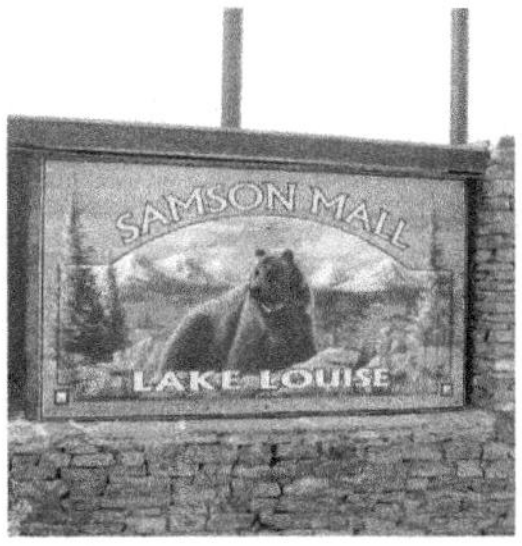

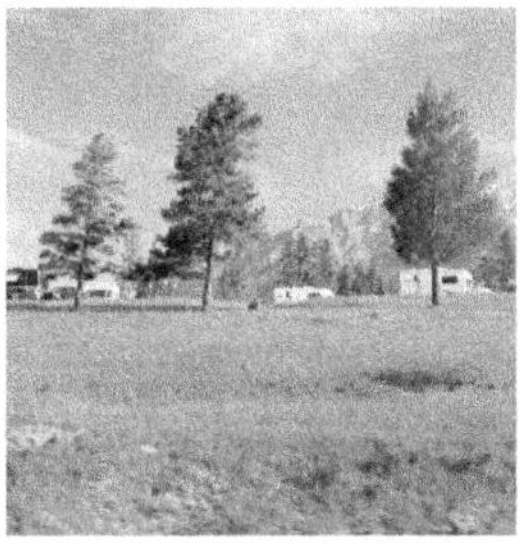

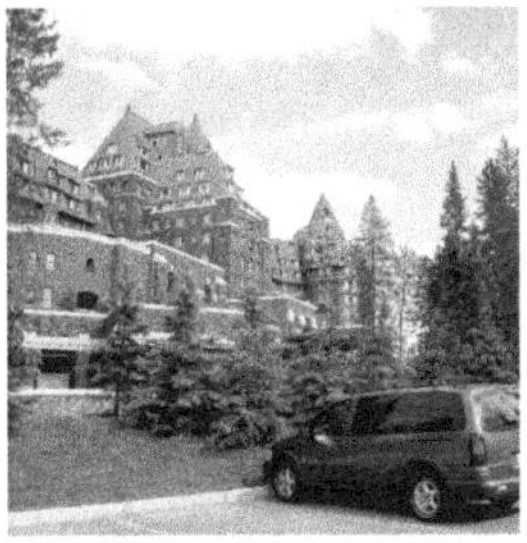

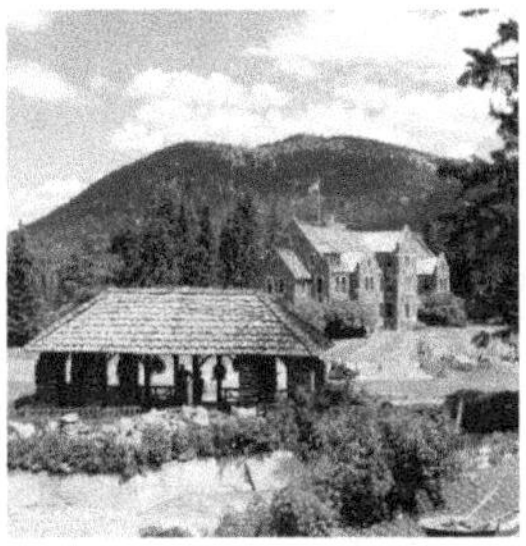

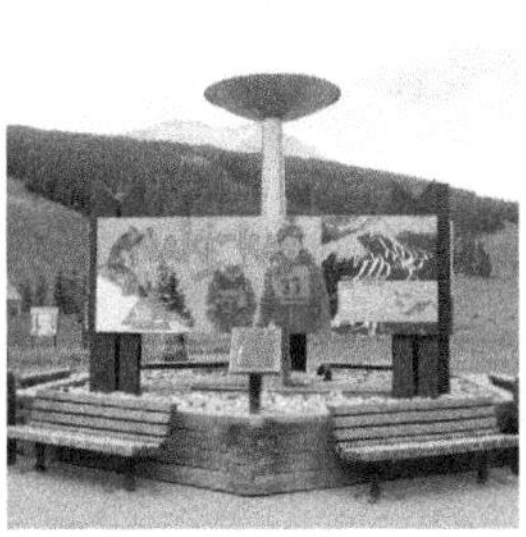

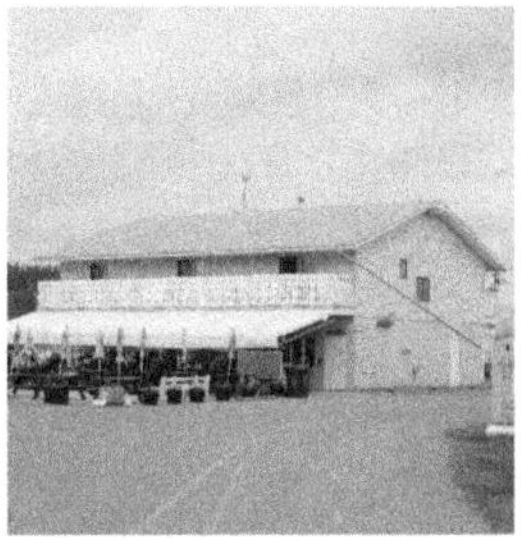

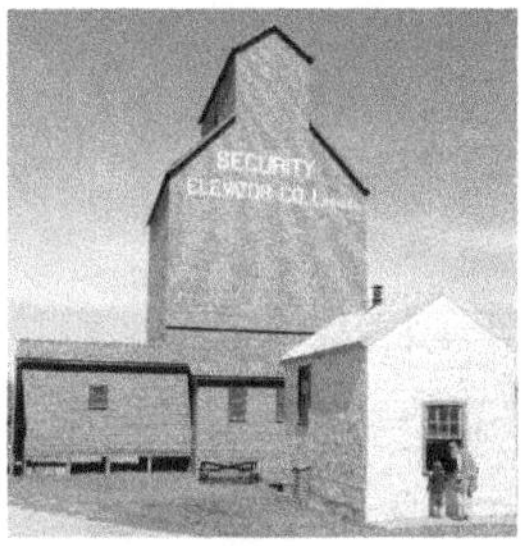

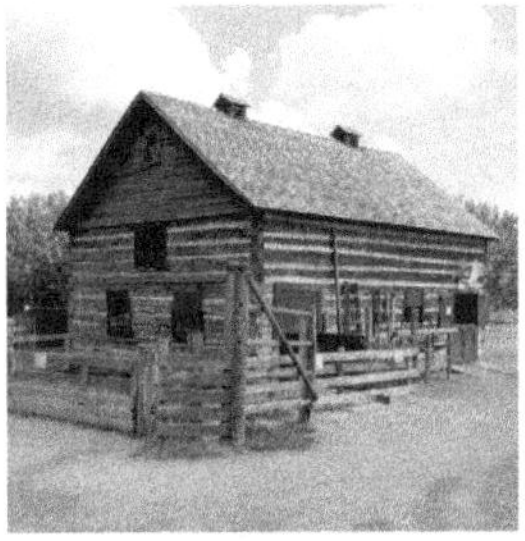

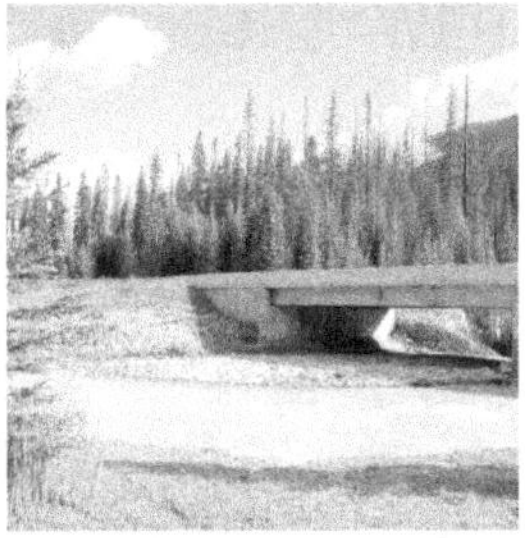

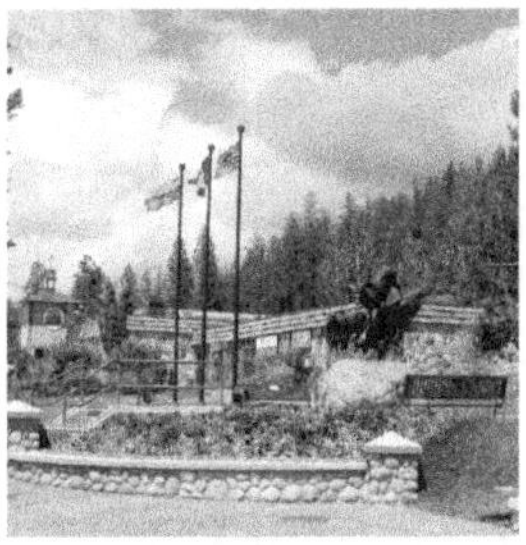

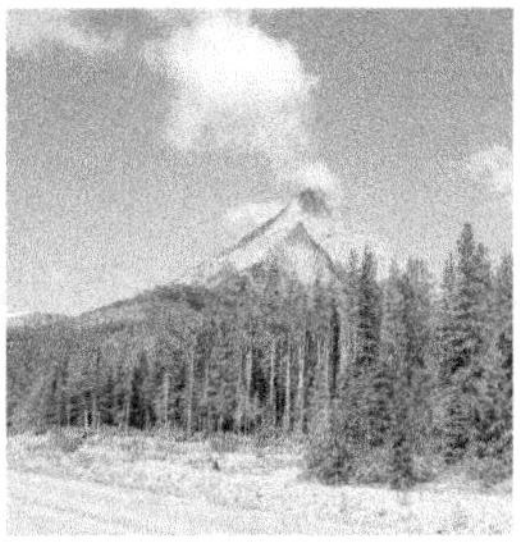

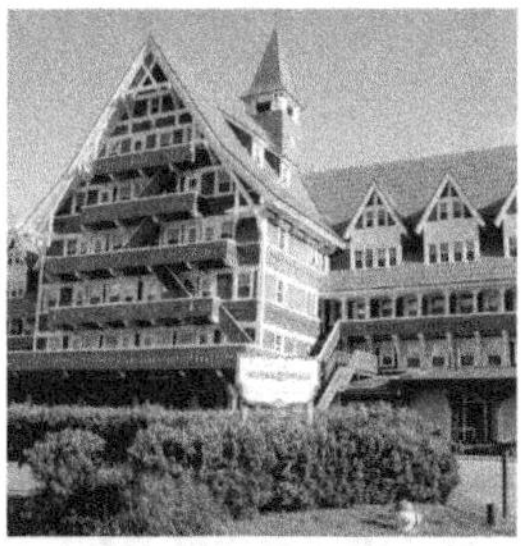

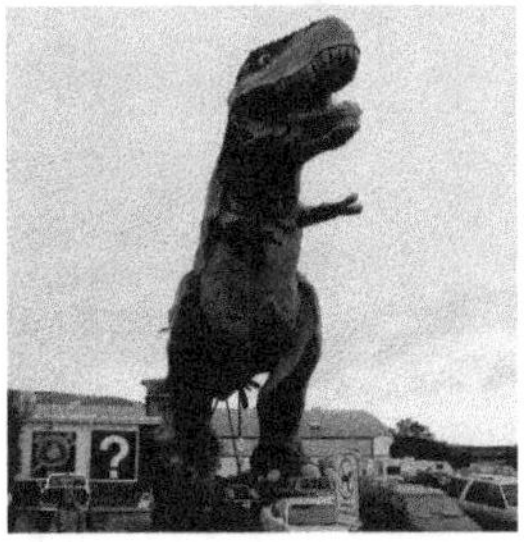

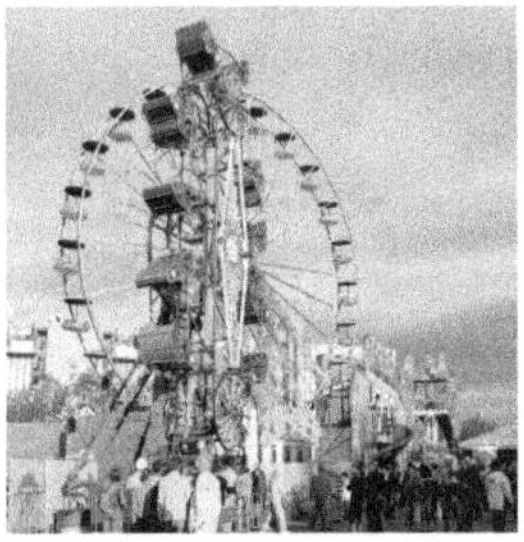

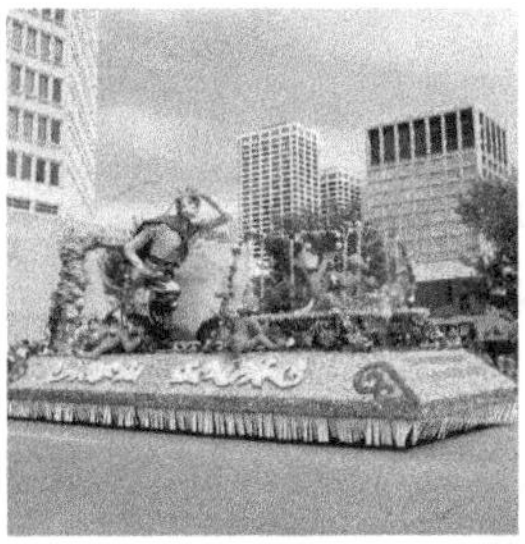

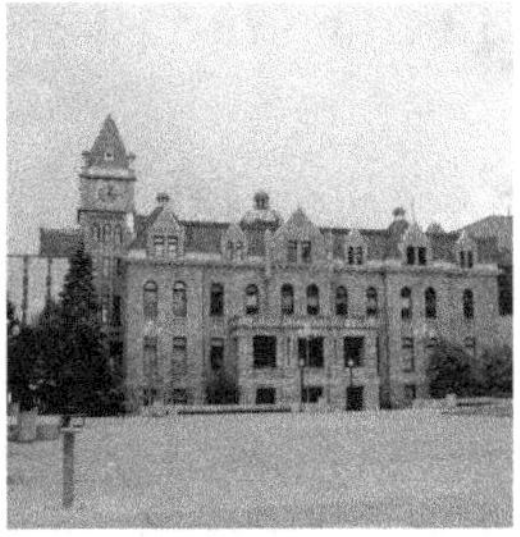

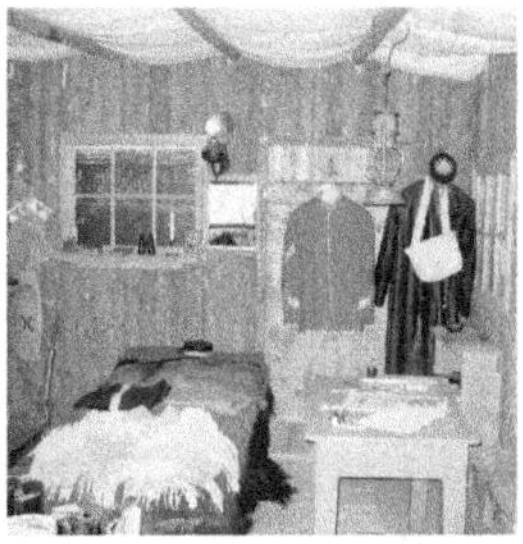

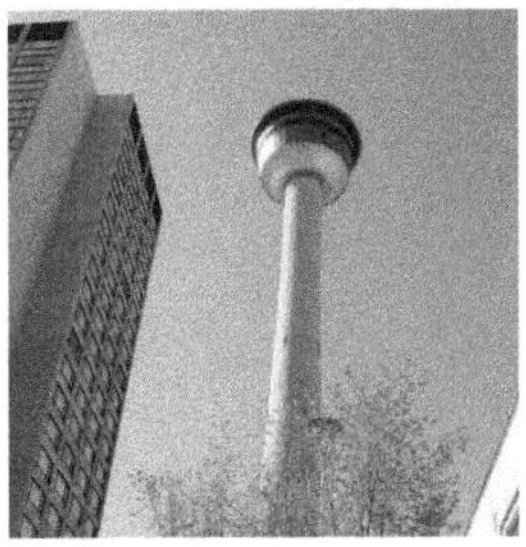

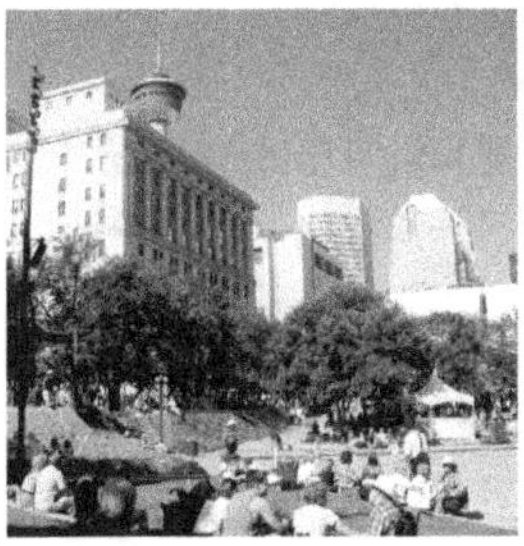

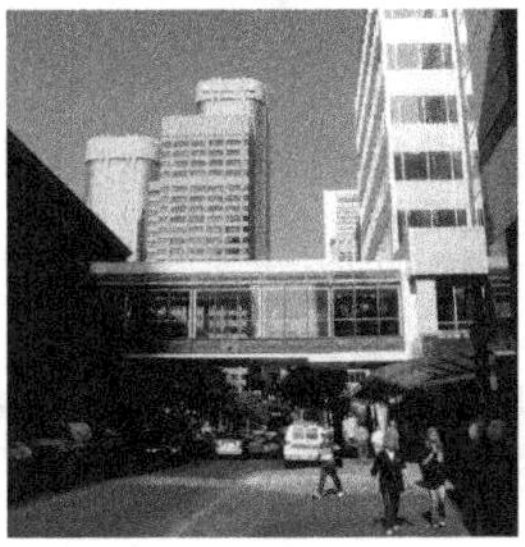

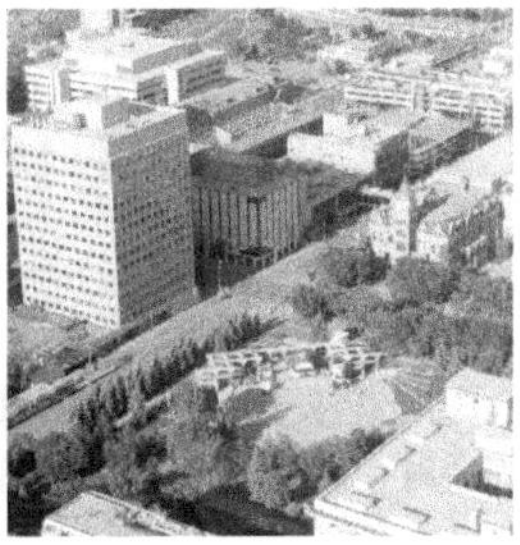

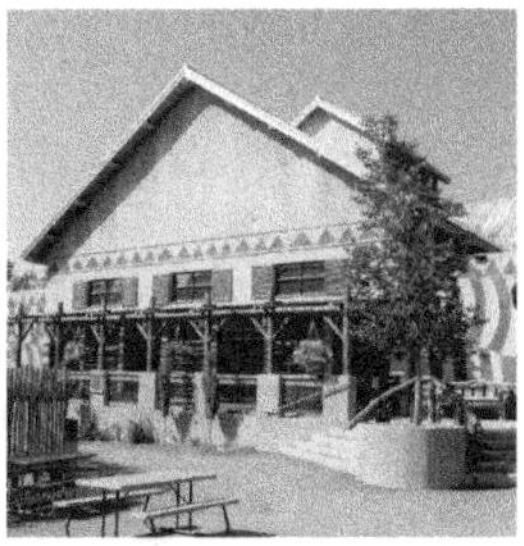

DIE BÜCHER DIESER REIHE

TRAUMLAND KANADA – AUSMALEN UND GESTALTEN FÜR ERWACHSENE
ISBN-10: 1515373401 **ISBN-13:** 978-1515373407

TRAUMLAND KANADA – AUSMALEN UND GESTALTEN FÜR ERWACHSENE 2
ISBN-10: 1516954505 **ISBN-13:** 978-1516954506

TRAUMLAND KANADA – AUSMALEN UND GESTALTEN FÜR ERWACHSENE 3
ISBN-10: 1516954602 **ISBN-13:** 978-1516954605

TRAUMLAND KANADA – AUSMALEN UND GESTALTEN FÜR ERWACHSENE 4
ISBN-10: 1516954645 **ISBN-13:** 978-1516954643

TRAUMLAND KANADA – AUSMALEN UND GESTALTEN FÜR ERWACHSENE 5
ISBN-10: 151695467X **ISBN-13:** 978-1516954674

TRAUMLAND KANADA – AUSMALEN UND GESTALTEN FÜR ERWACHSENE 6
ISBN-10: 151695470X **ISBN-13:** 978-1516954704

TRAUMLAND KANADA – AUSMALEN UND GESTALTEN FÜR ERWACHSENE 7
ISBN-10: 1516954750 **ISBN-13:** 978-1516954759

TRAUMLAND KANADA – AUSMALEN UND GESTALTEN FÜR ERWACHSENE 8
ISBN-10: 1516954777 **ISBN-13:** 978-1516954773

TRAUMLAND KANADA – AUSMALEN UND GESTALTEN FÜR ERWACHSENE 9
ISBN-10: 1516954785 **ISBN-13:** 978-1516954780

TRAUMLAND KANADA – AUSMALEN UND GESTALTEN FÜR ERWACHSENE 10
ISBN-10: 1516954815 **ISBN-13:** 978-1516954810

TRAUMLAND KANADA – AUSMALEN UND GESTALTEN FÜR ERWACHSENE 11
ISBN-10: 1516954831 **ISBN-13:** 978-1516954834

TRAUMLAND KANADA – AUSMALEN UND GESTALTEN FÜR ERWACHSENE 12
ISBN-10: 1516954858 **ISBN-13:** 978-1516954858

TRAUMLAND KANADA – AUSMALEN UND GESTALTEN FÜR ERWACHSENE 13
ISBN-10: 1516954882 **ISBN-13:** 978-1516954889

TRAUMLAND KANADA – AUSMALEN UND GESTALTEN FÜR ERWACHSENE 14
ISBN-10: 1516954890 **ISBN-13:** 978-1516954896

Traumland Kanada
AUSMALEN UND GESTALTEN FÜR ERWACHSENE 10

Inhalt

Impressum

1. Auflage 2015
© Andreas Meyer, Hauptstr. 22, 21644 Sauensiek
Alle Rechte vorbehalten

Autor: Andreas Meyer
Bearbeitung: Andreas Meyer
Einbandgestaltung: Andreas Meyer
Klappe: Andreas Meyer
Druck und Verarbeitung: Createspace

Printed in Europe

ISBN-10: 1516954815 ISBN-13: 978-1516954810

Bildnachweis: Alle Bilder © Andreas Meyer

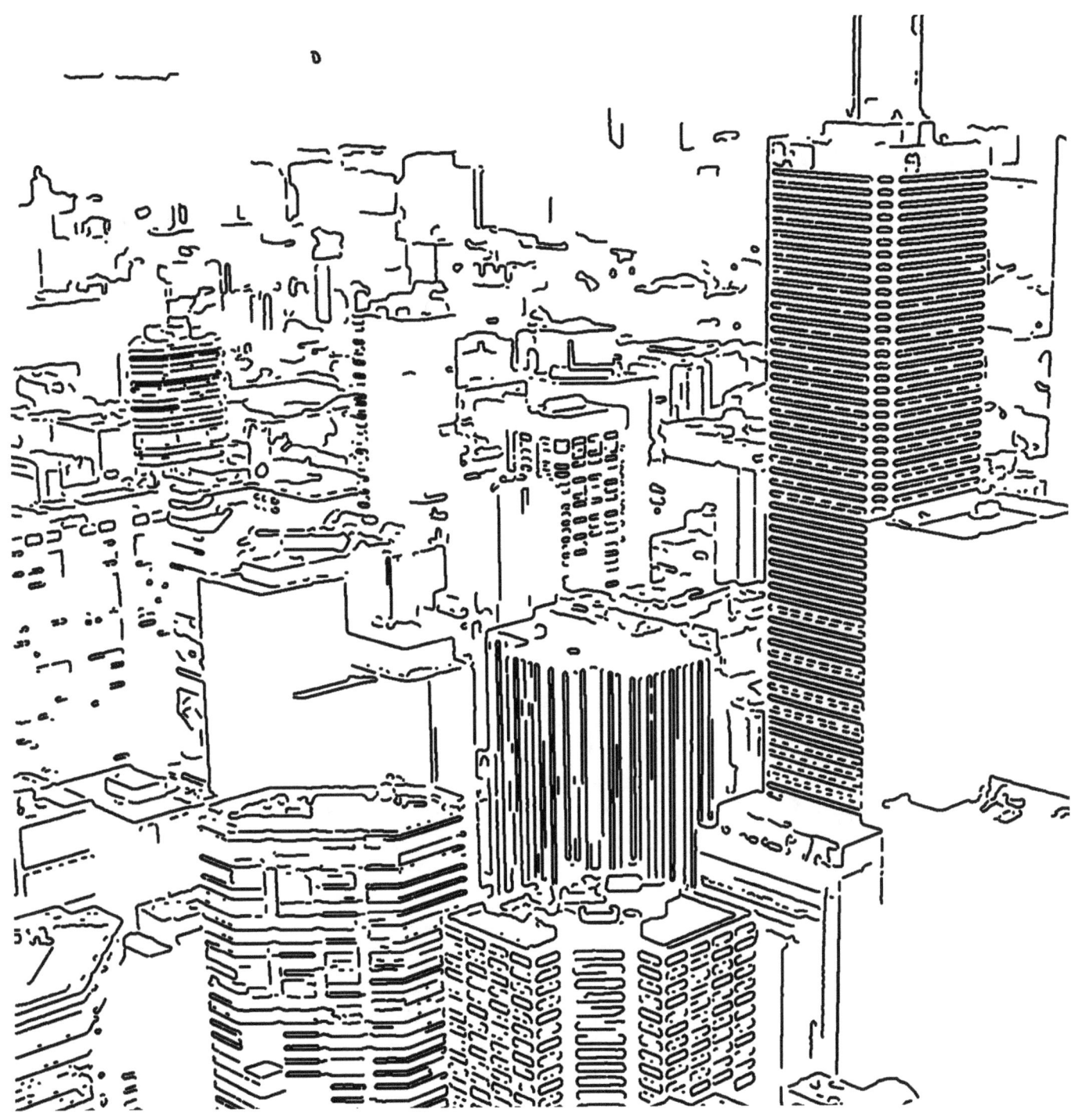

**Downtown
(Toronto, Ontario)**

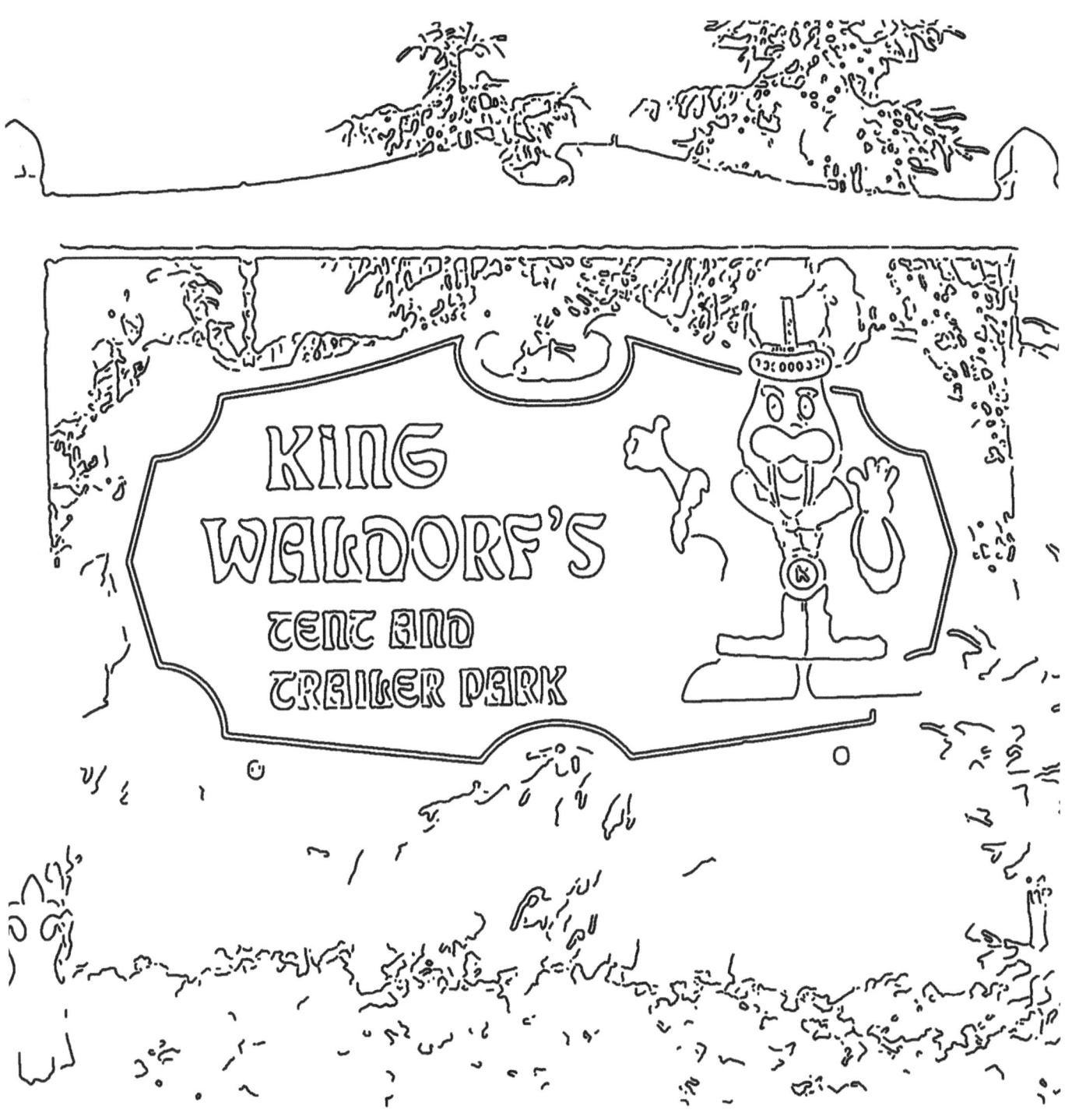

**King Waldorf`s Tent
and Trailer Park
(Niagara Falls, Ontario)**

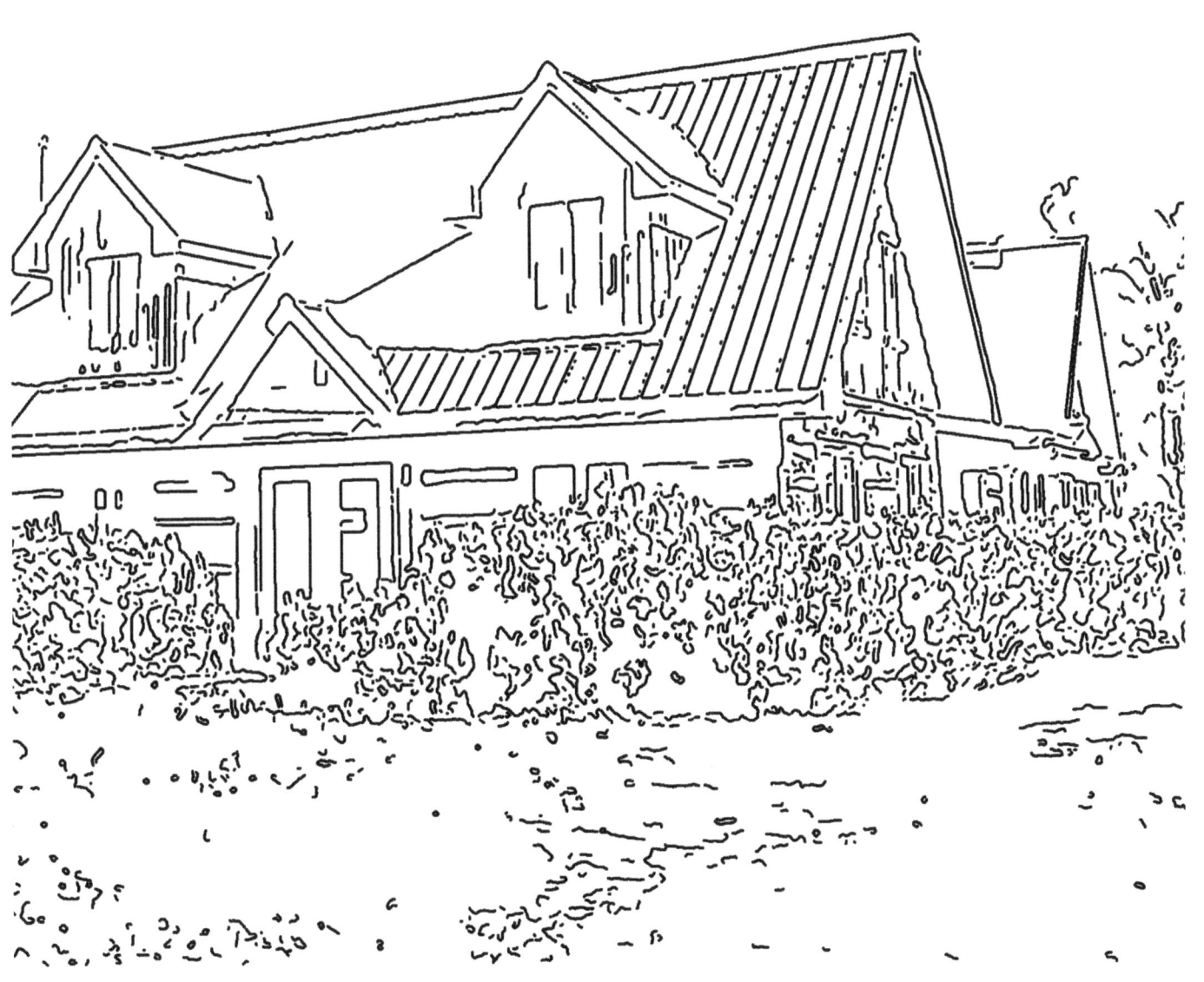

Information Centre
(Wawa, Ontario)

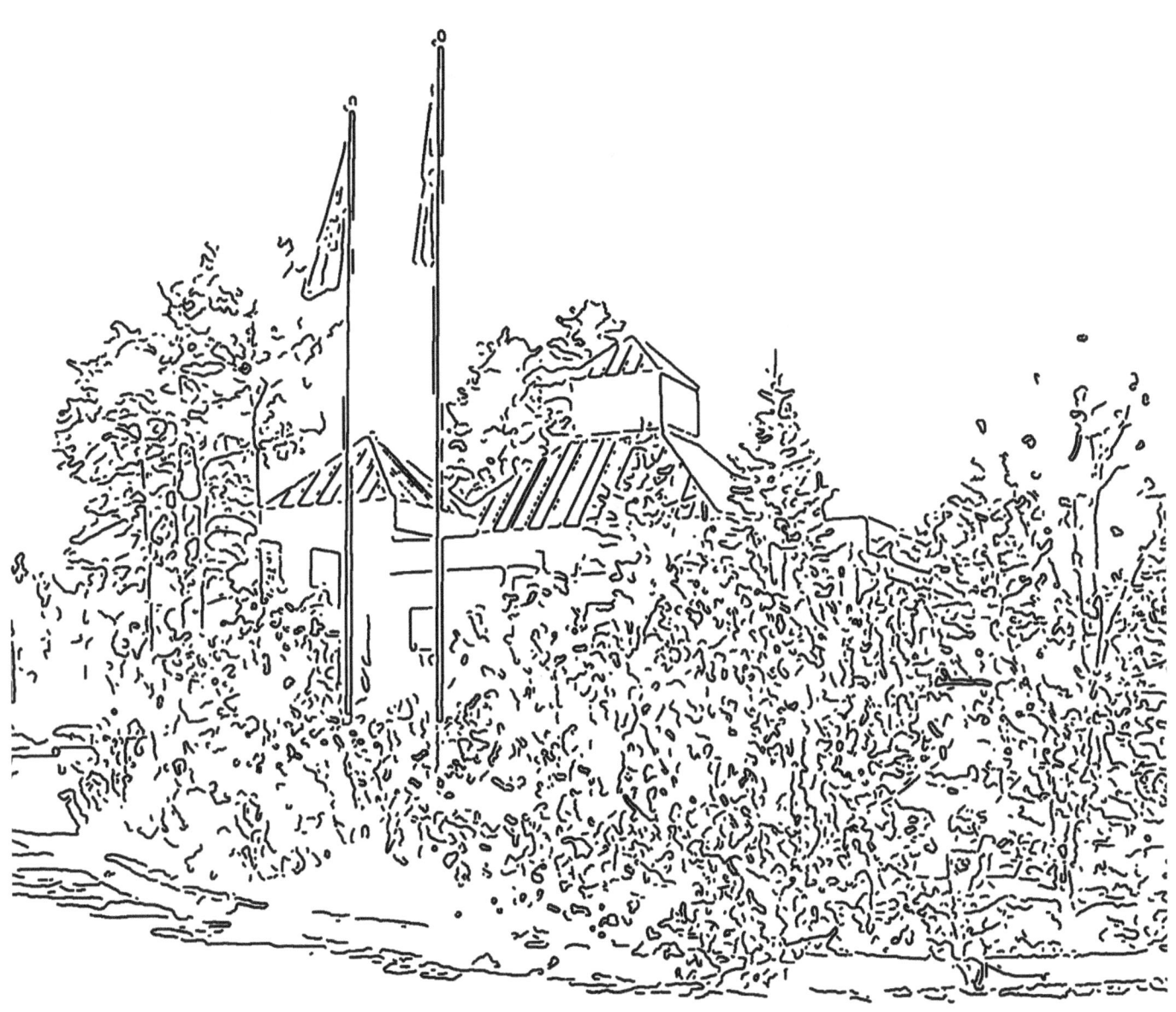

**Information Centre
(Nipigon, Ontario)**

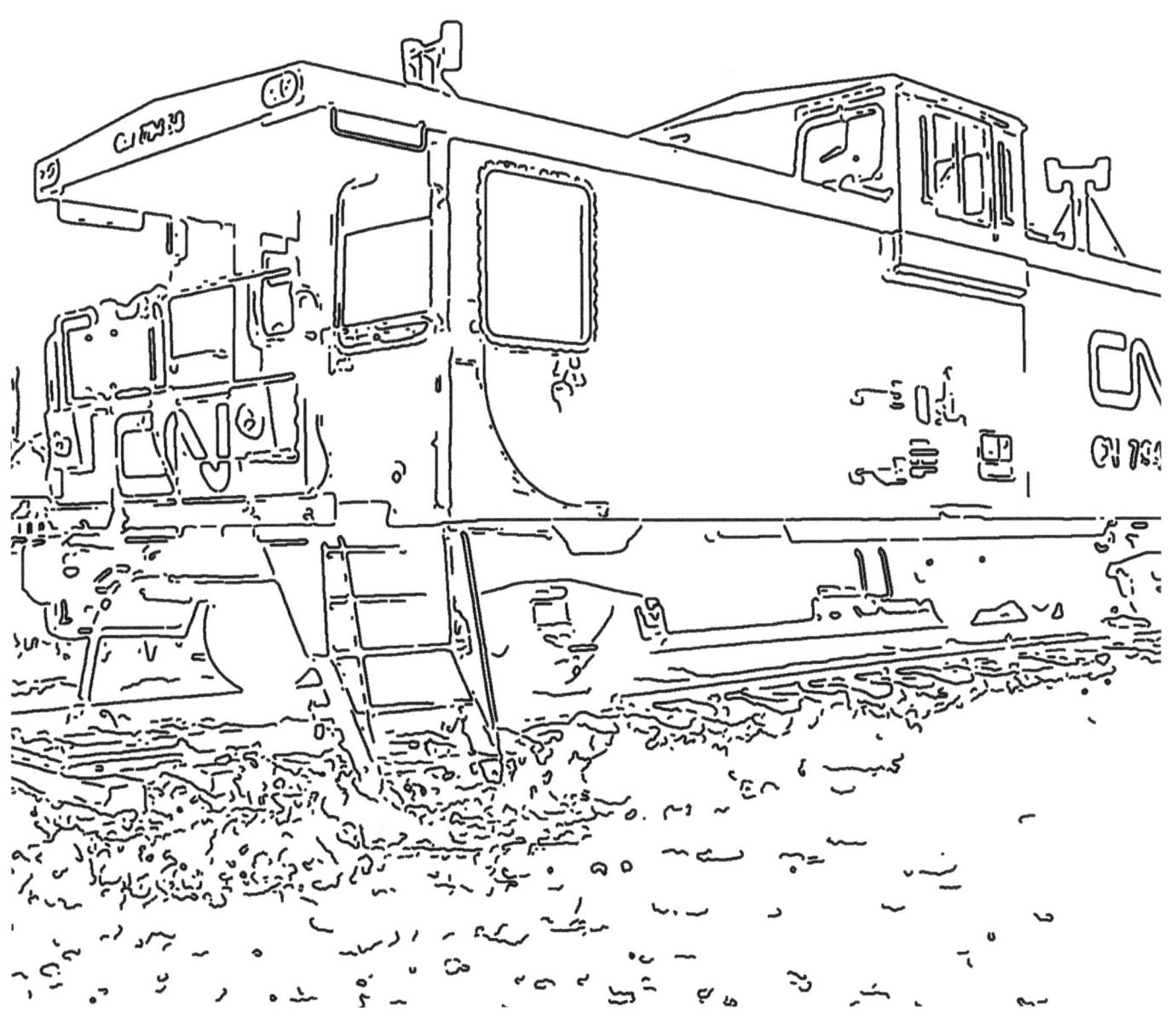

**CN Train
(Vegreville, Alberta)**

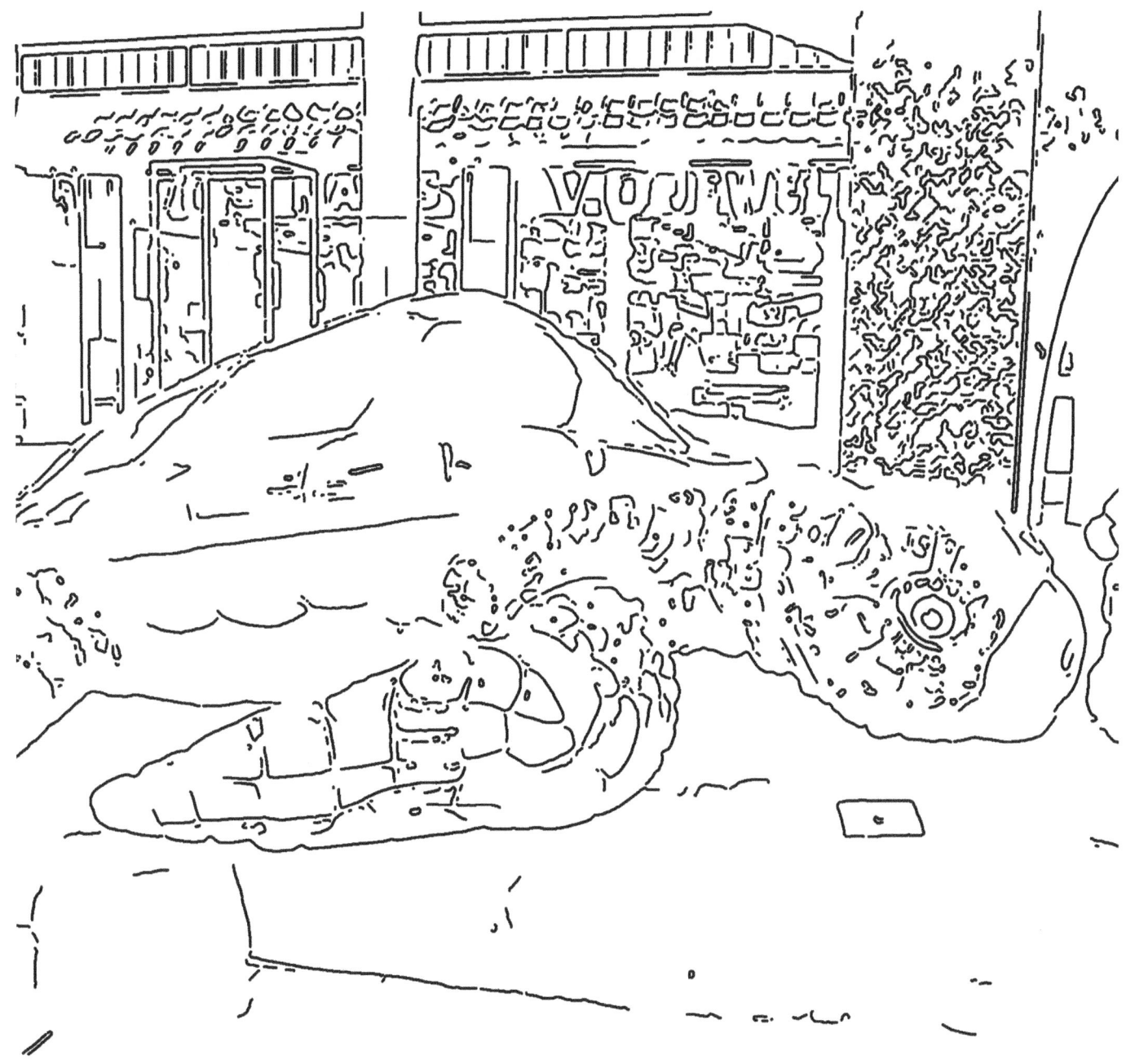

Dekoration in der
West Edmonton Mall
(Edmonton, Alberta)

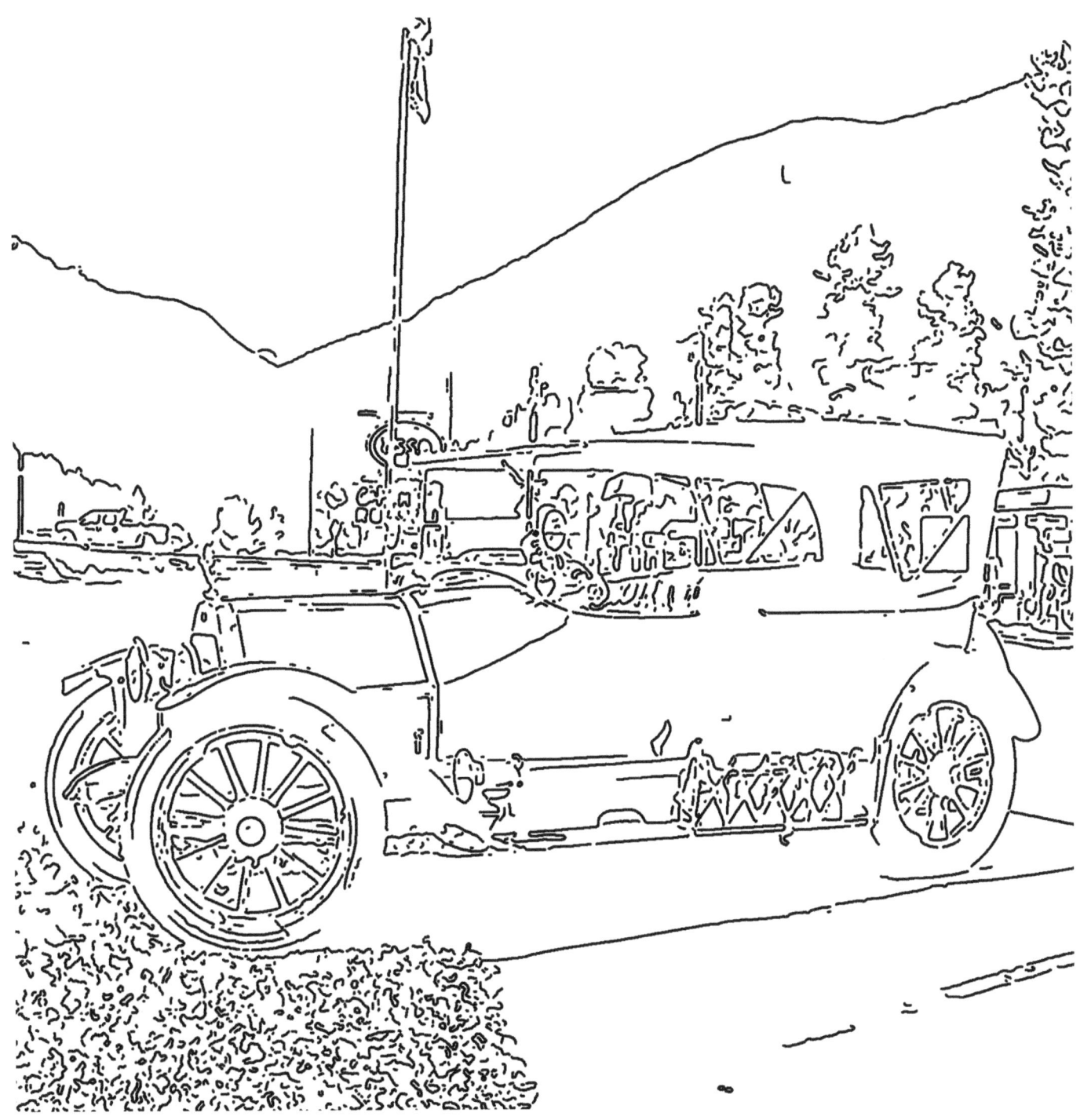

**Oldtimer im Mount Robson
Provincial Park
(British Columbia)**

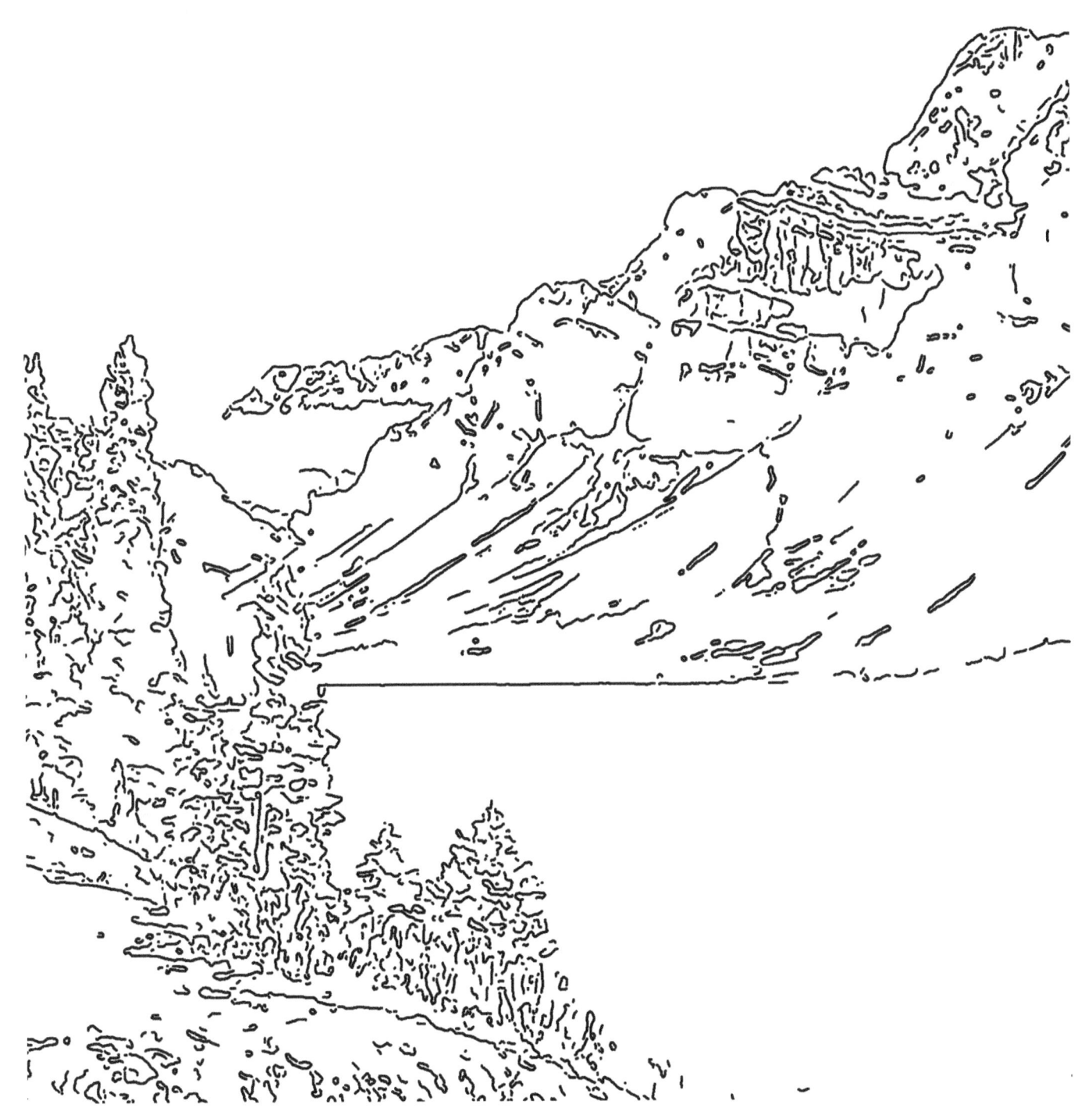

**Bow Lake im
Banff Nationalpark
(Alberta)**

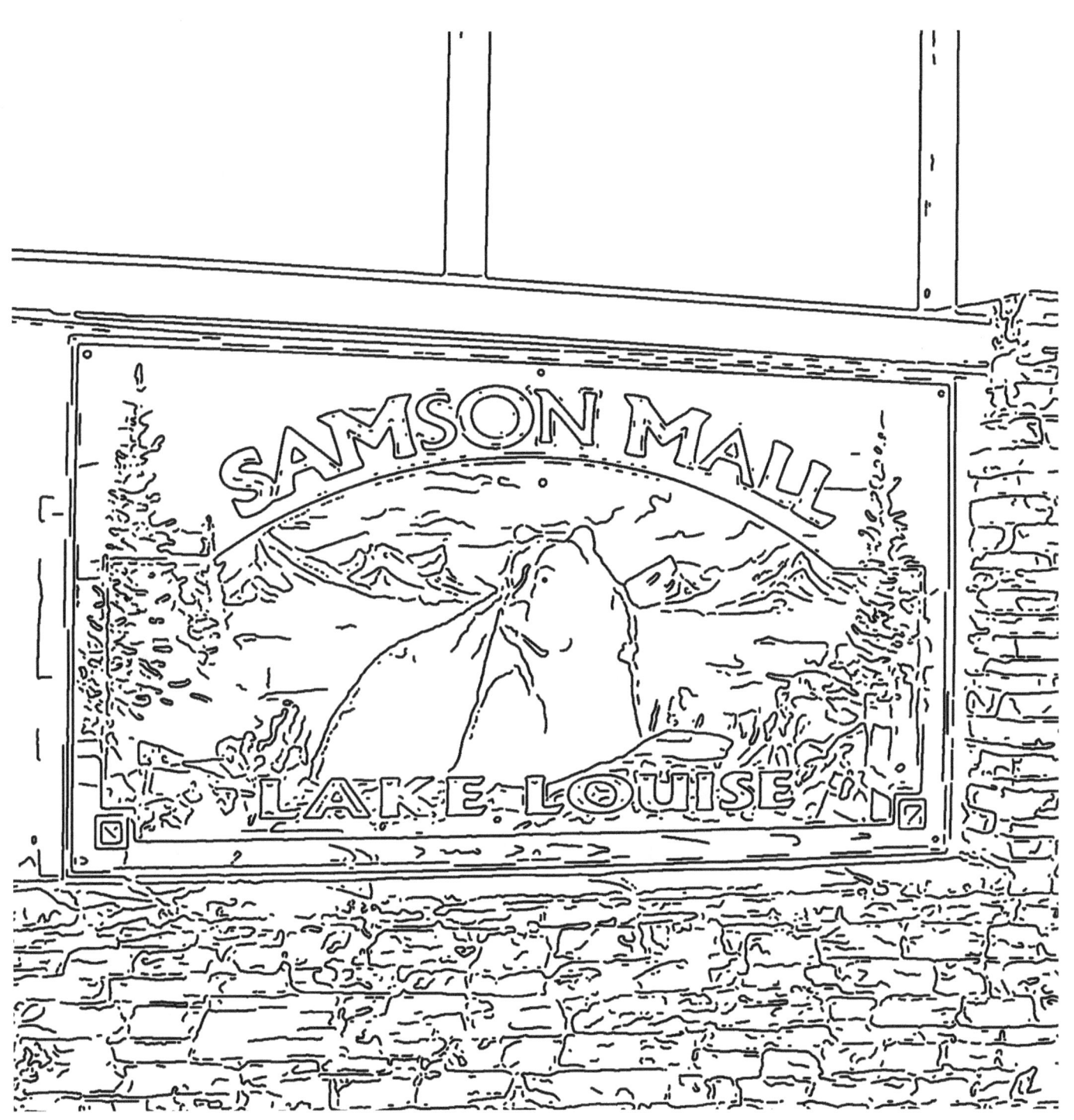

**Samson Mall im
Banff Nationalpark
(Lake Louise, Alberta)**

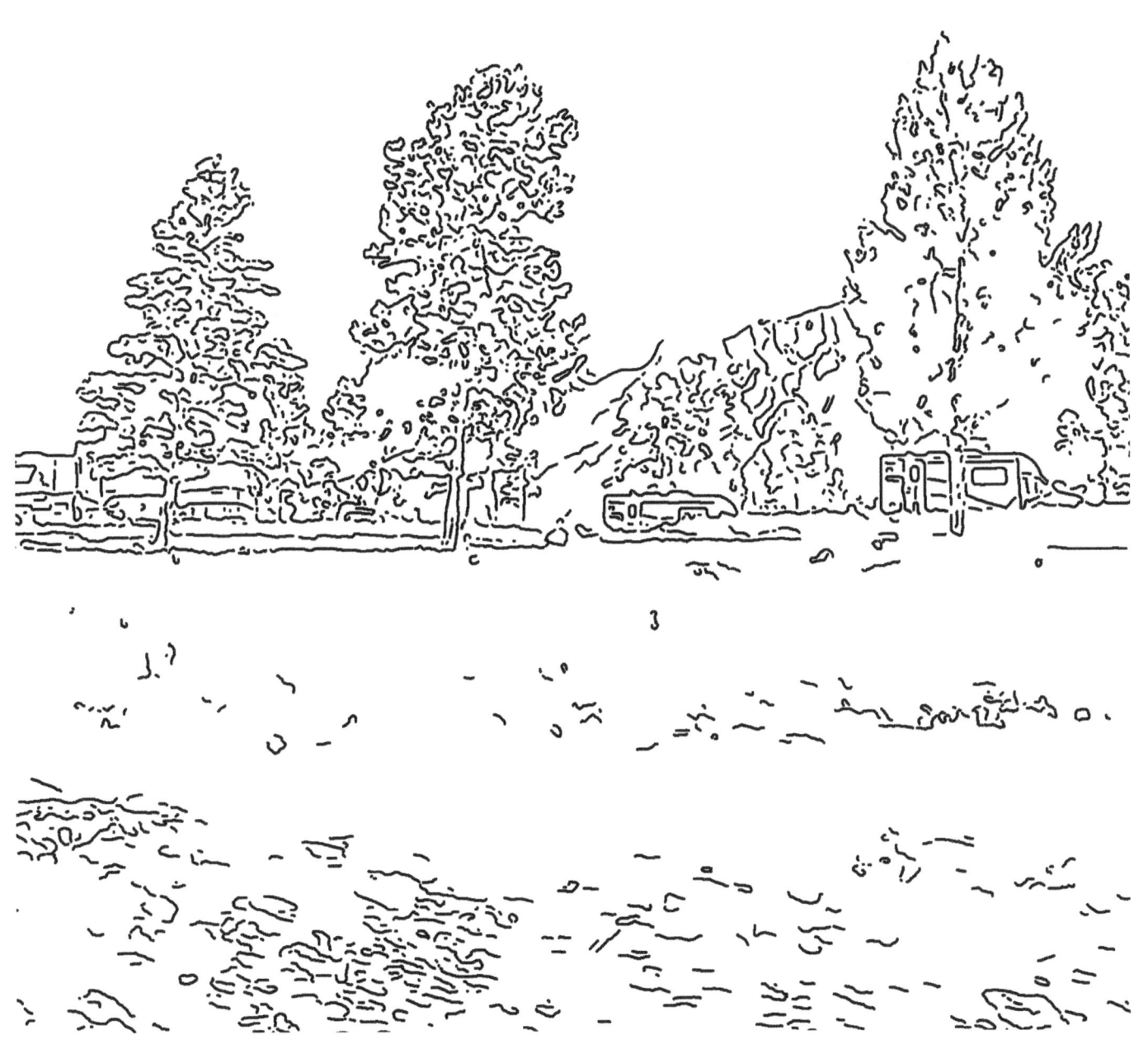

Mountain Village Campground
im Banff Nationalpark
(Banff, Alberta)

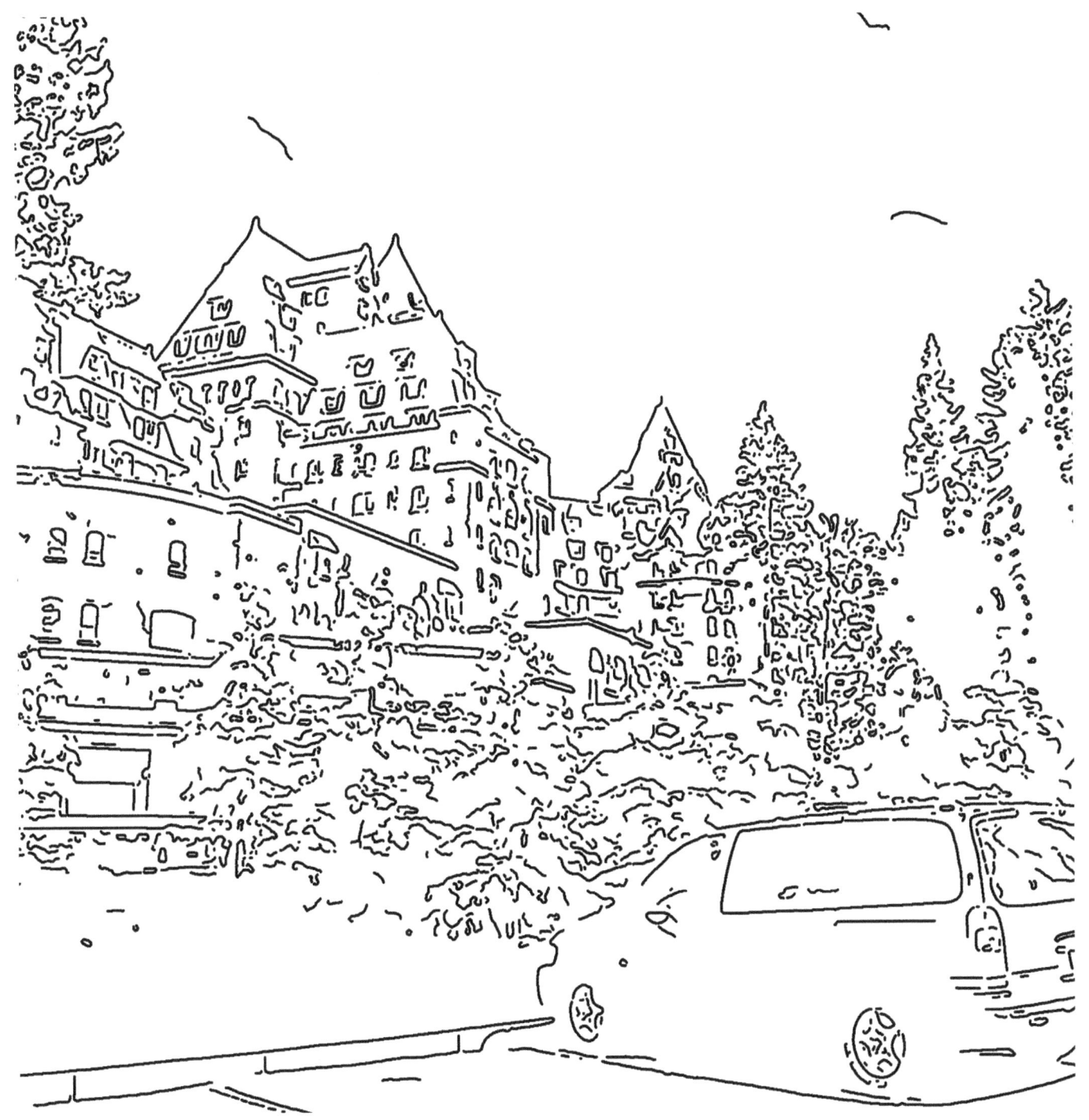

Banff Springs Hotel im Banff Nationalpark (Banff, Alberta)

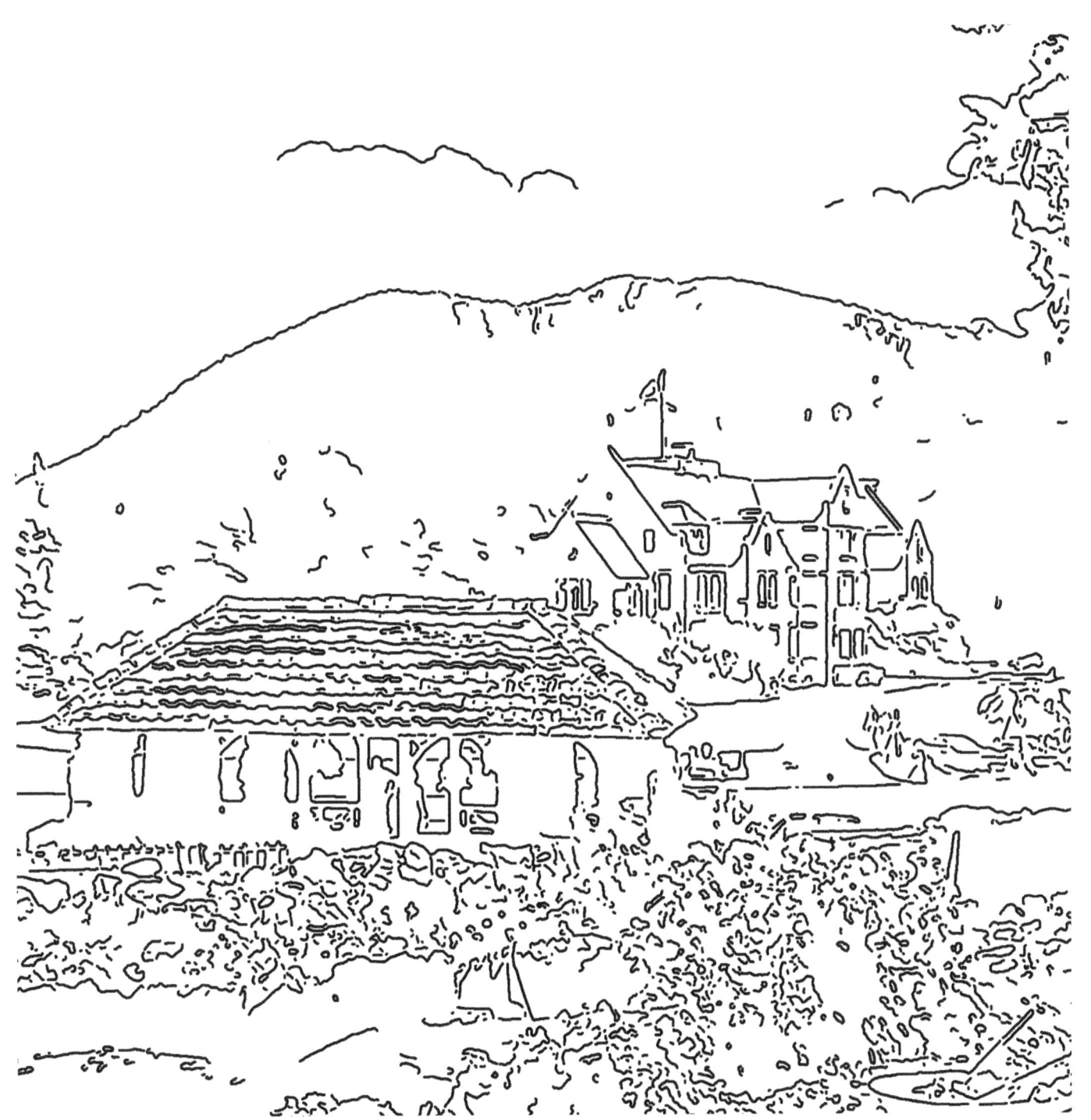

Canada Place &
Cascade Gardens im
Banff Nationalpark
(Banff, Alberta)

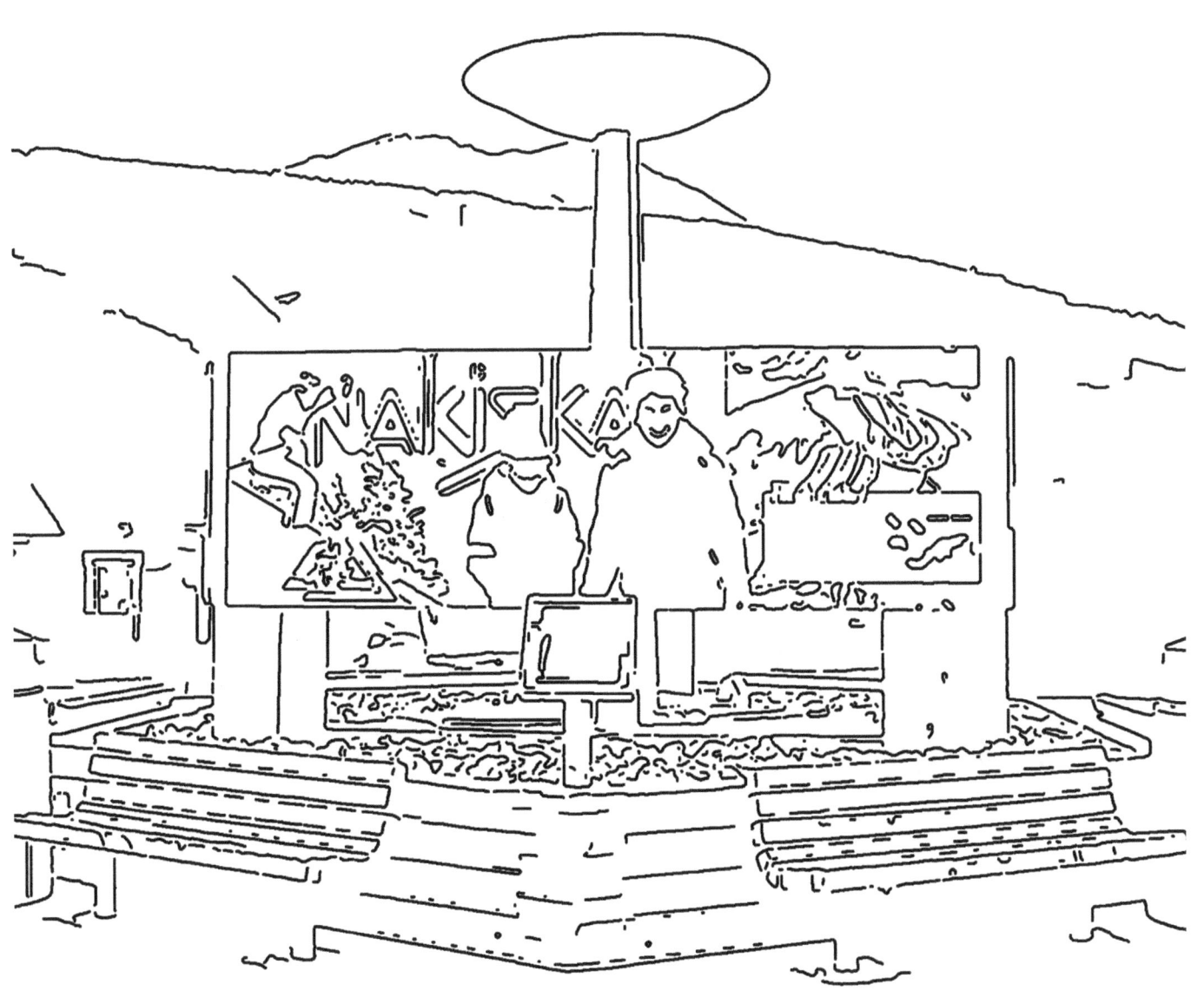

Nakiska Ski Resort in Kananaskis Country (Alberta)

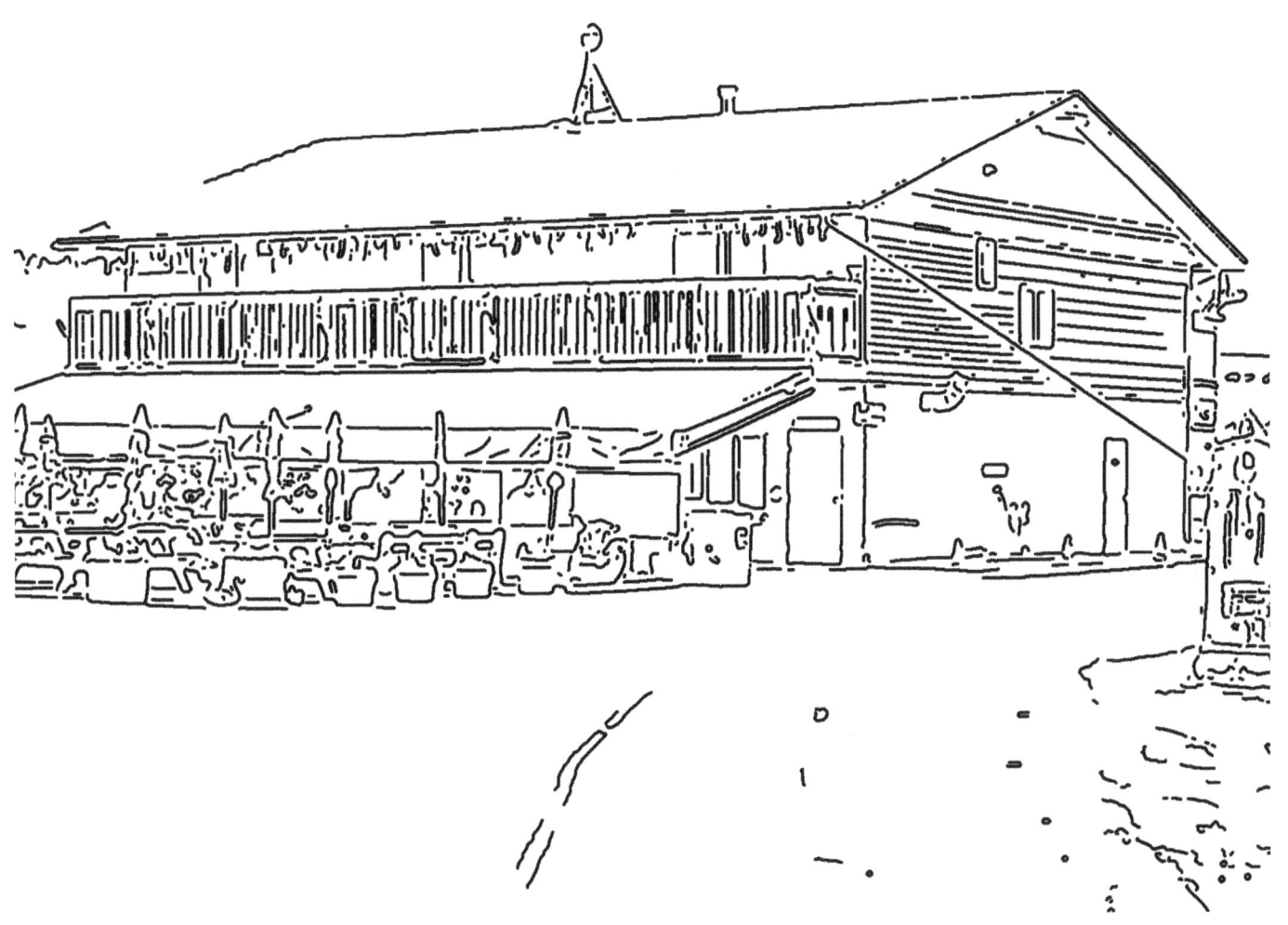

Mountain View Farm Camping
(Calgary, Alberta)

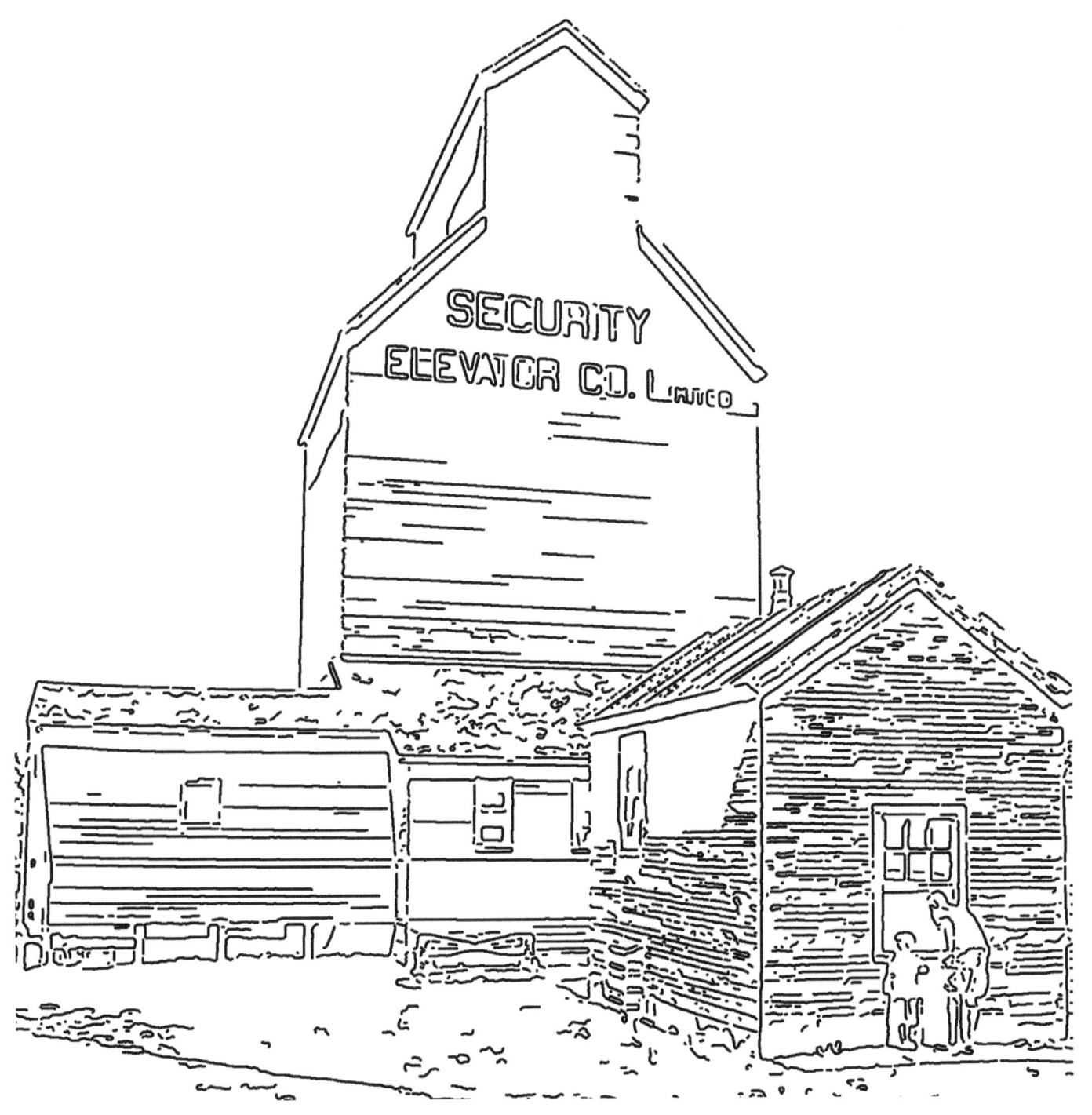

**Heritage Park
(Calgary, Alberta)**

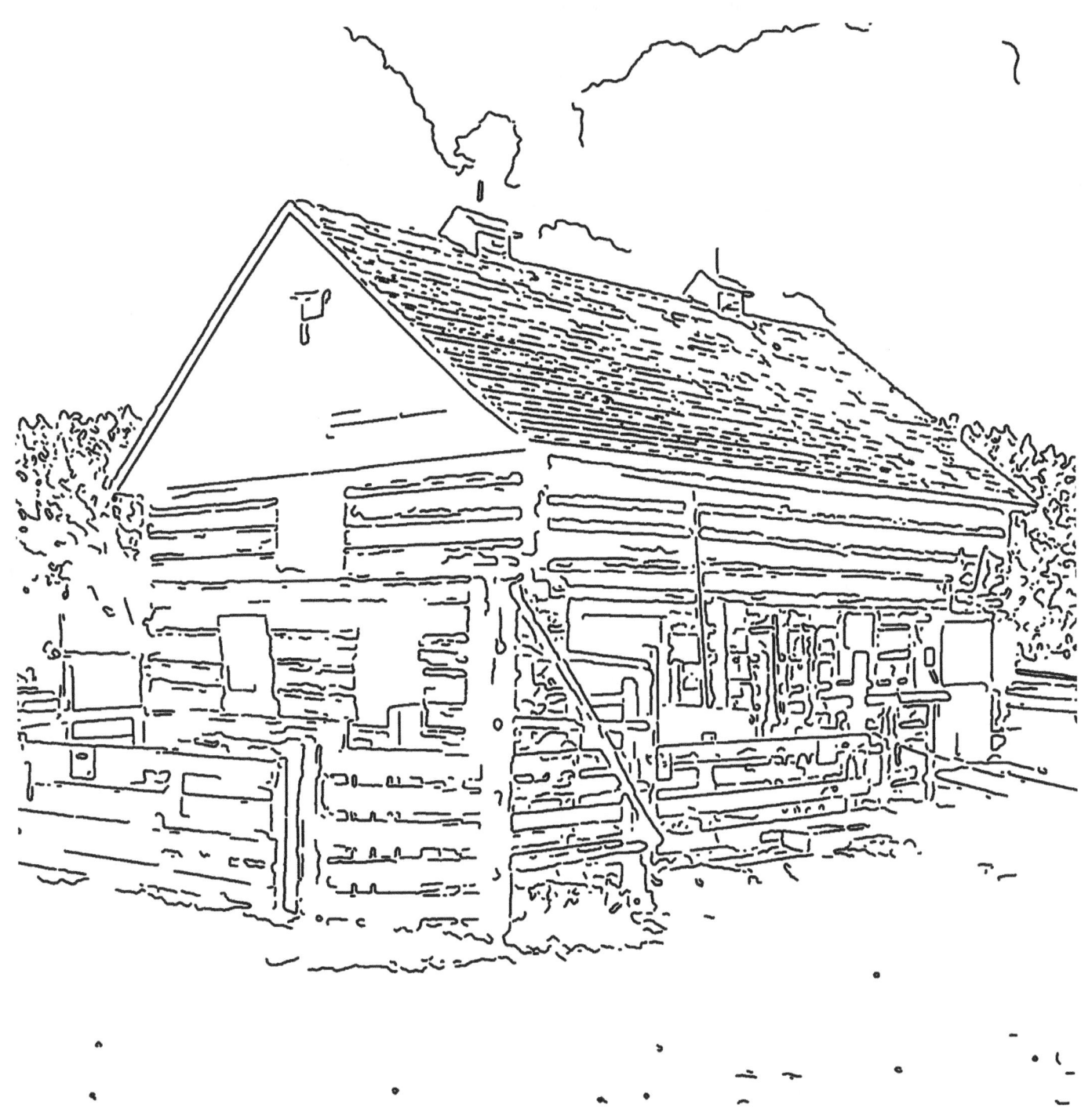

**Heritage Park
(Calgary, Alberta)**

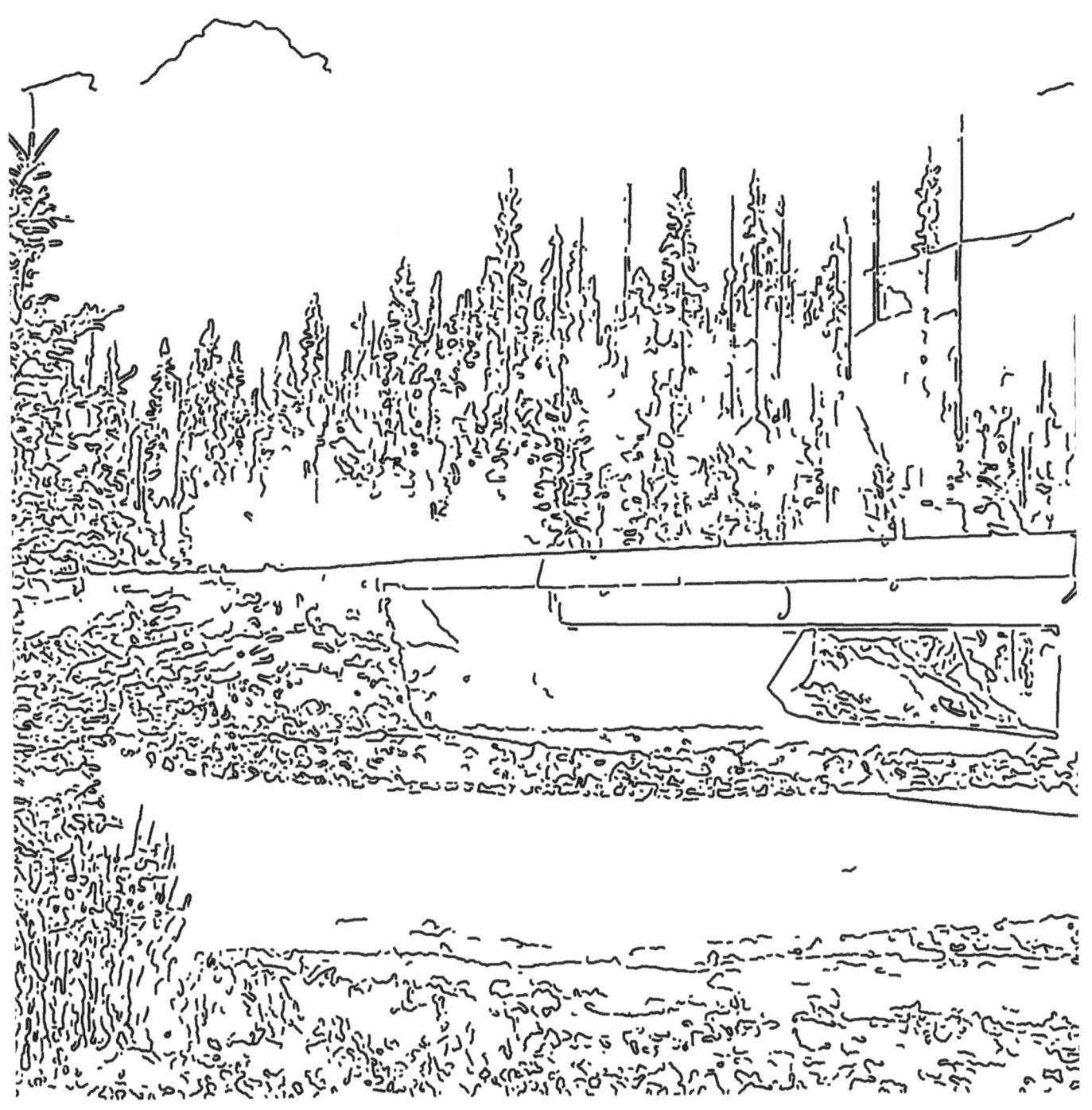

**View Point im
Kootenay Nationalpark
(British Columbia)**

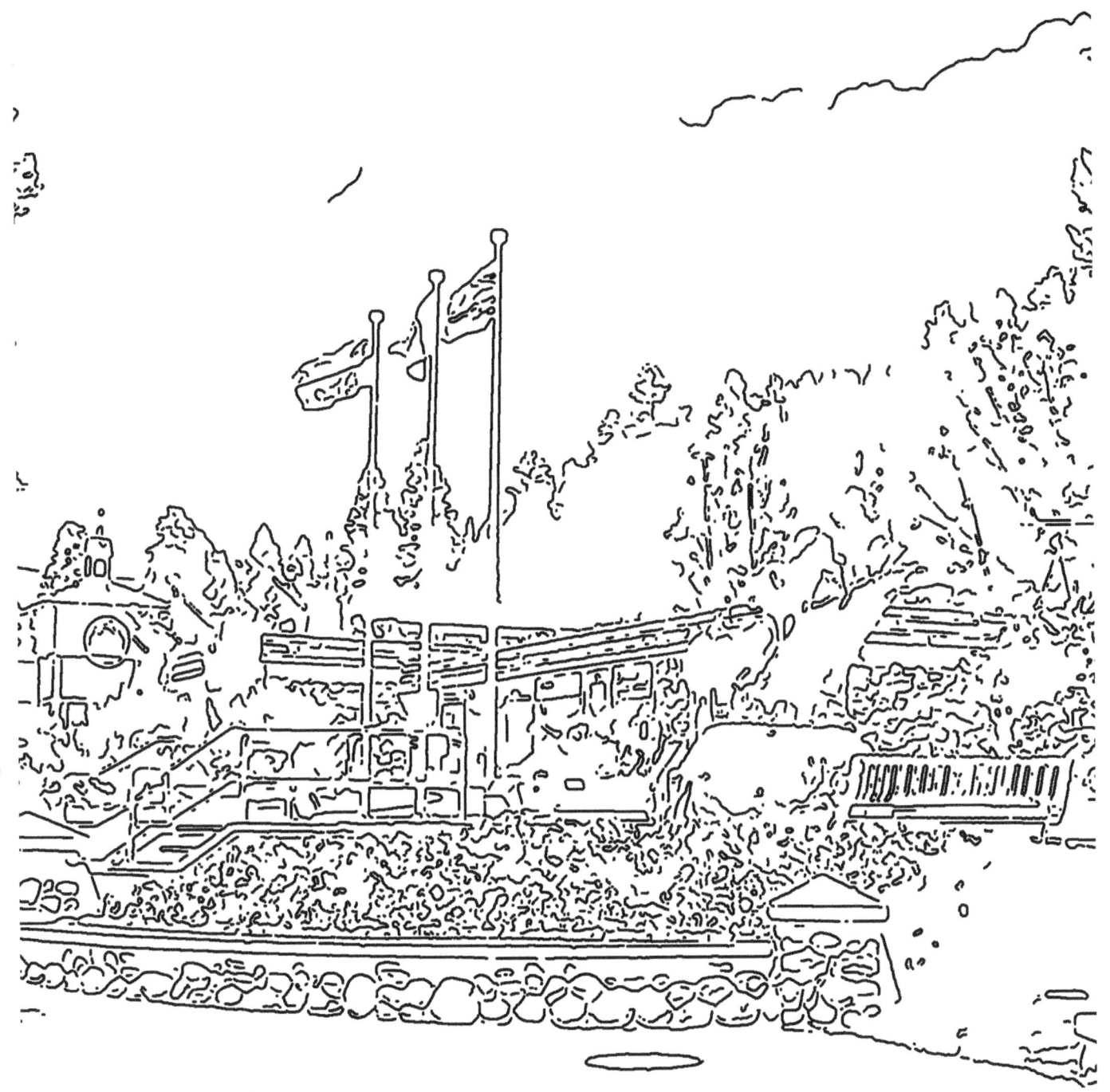

**Tourist Info im
Kootenay Nationalpark
(Radium Hot Springs,
British Columbia)**

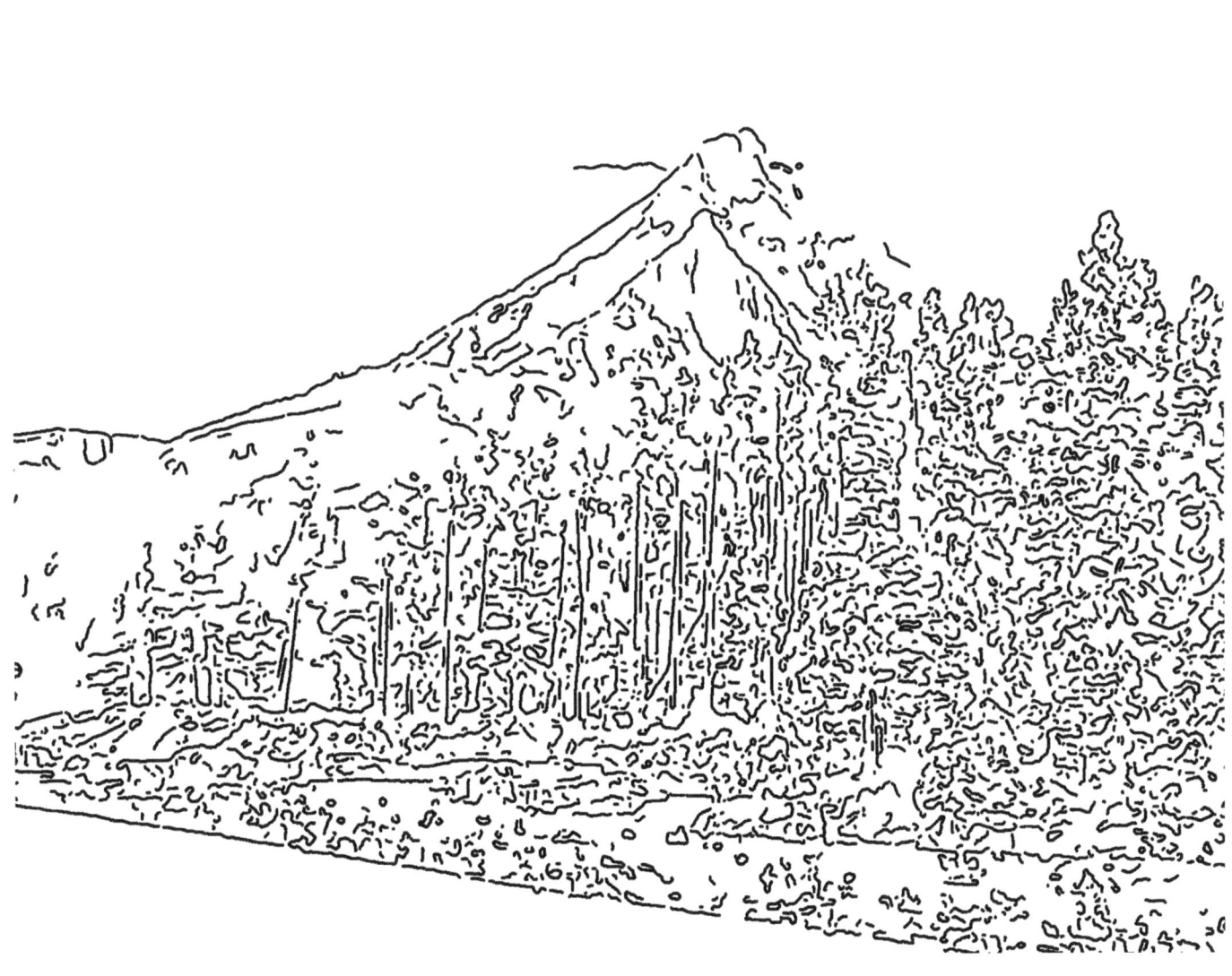

Red Rock Parkway im Waterton Lakes Nationalpark (Alberta)

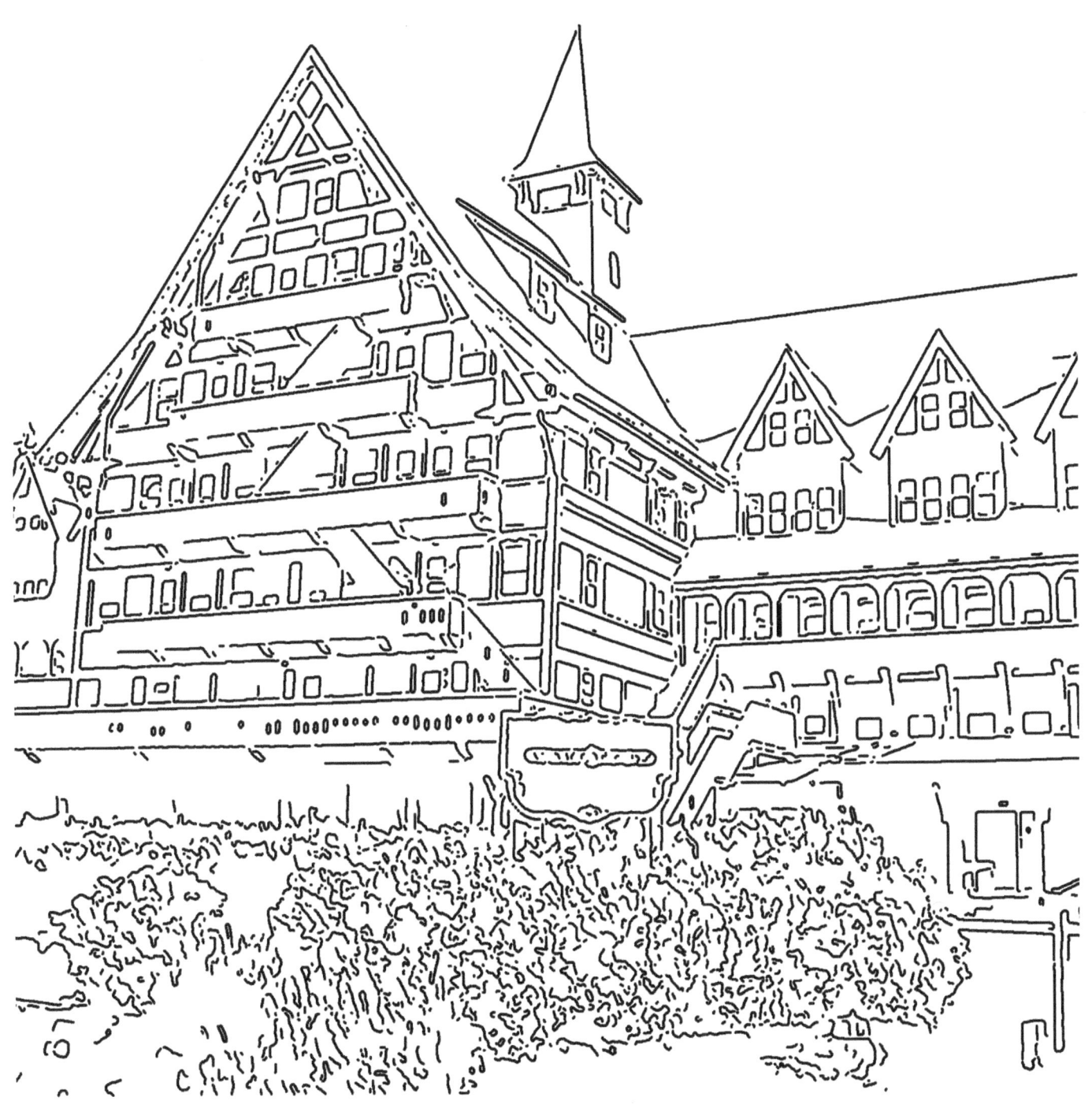

Prince of Wales Hotel im Waterton Lakes Nationalpark (Alberta)

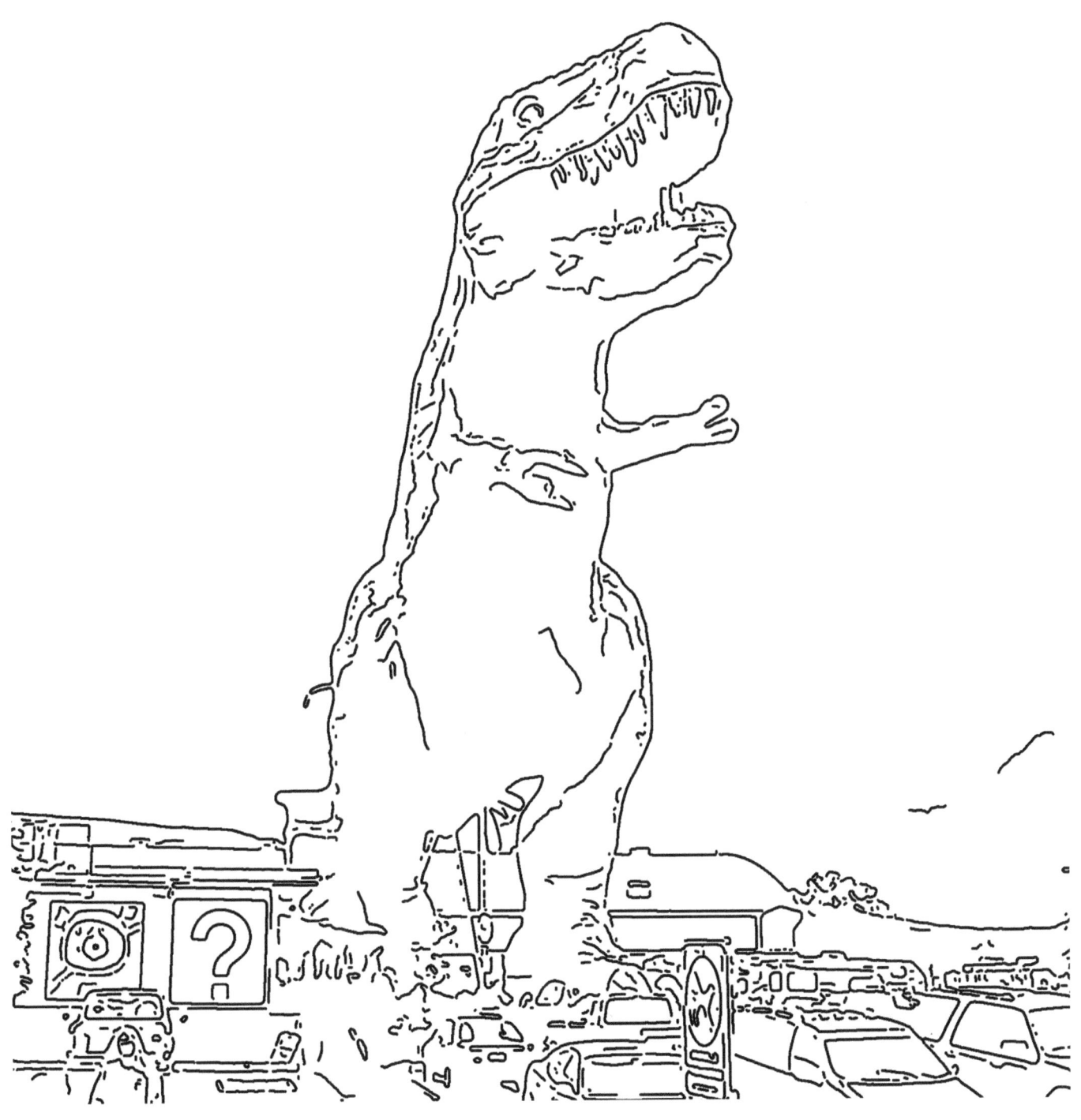

World`s Largest Dinosaur
(Drumheller, Alberta)

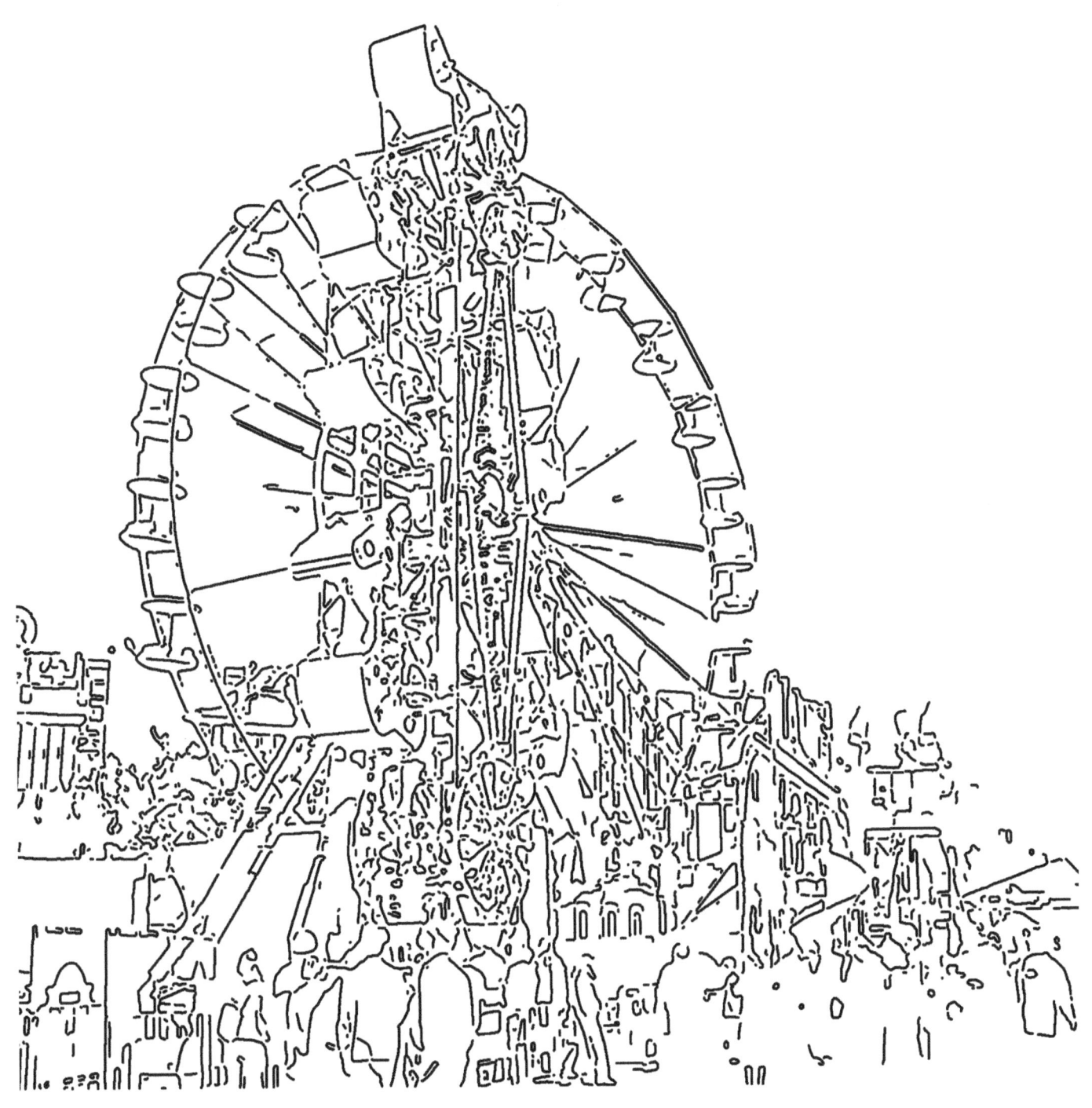

**Stampede Park
(Calgary, Alberta)**

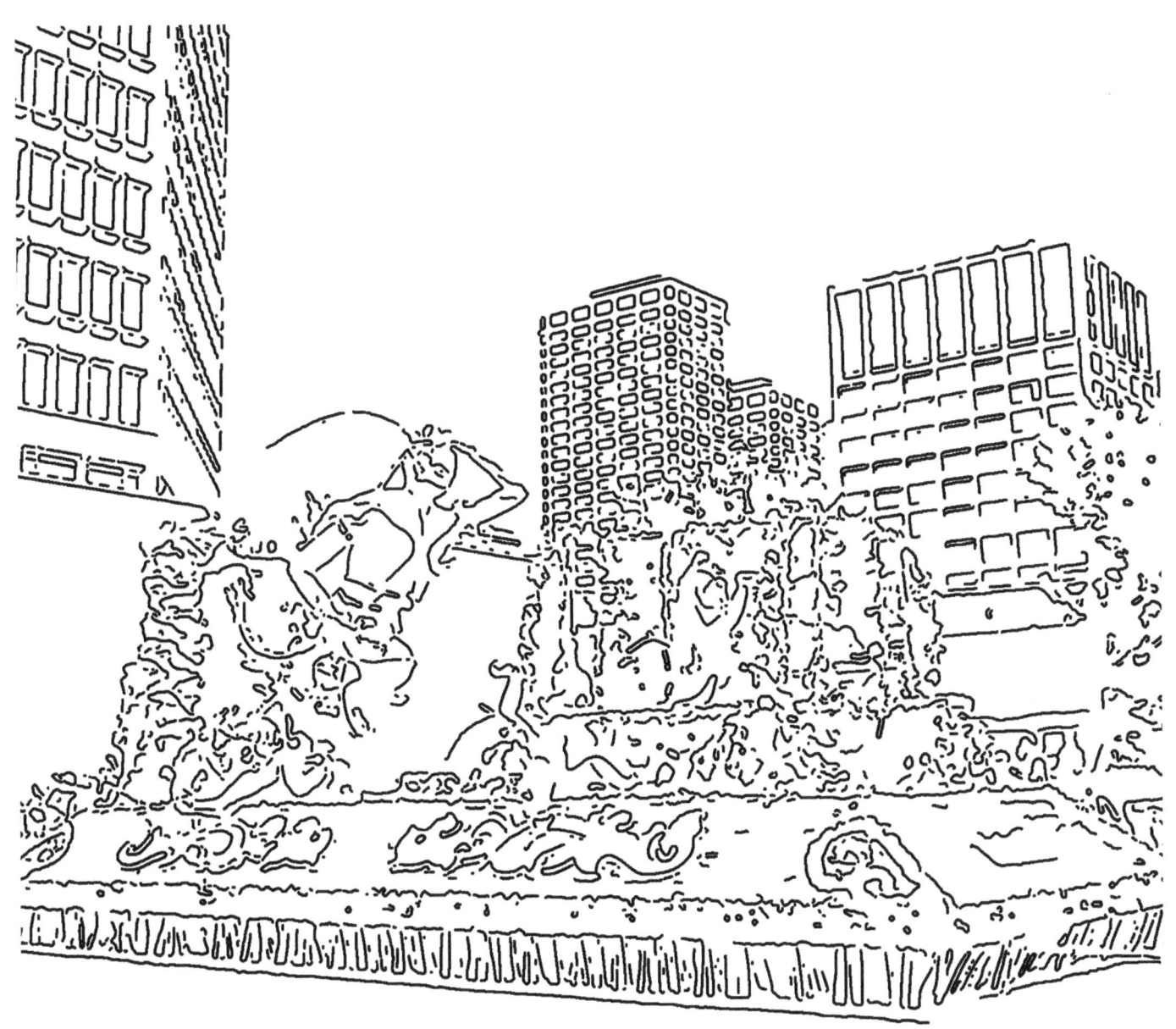

Calgary Stampede Parade
(Calgary, Alberta)

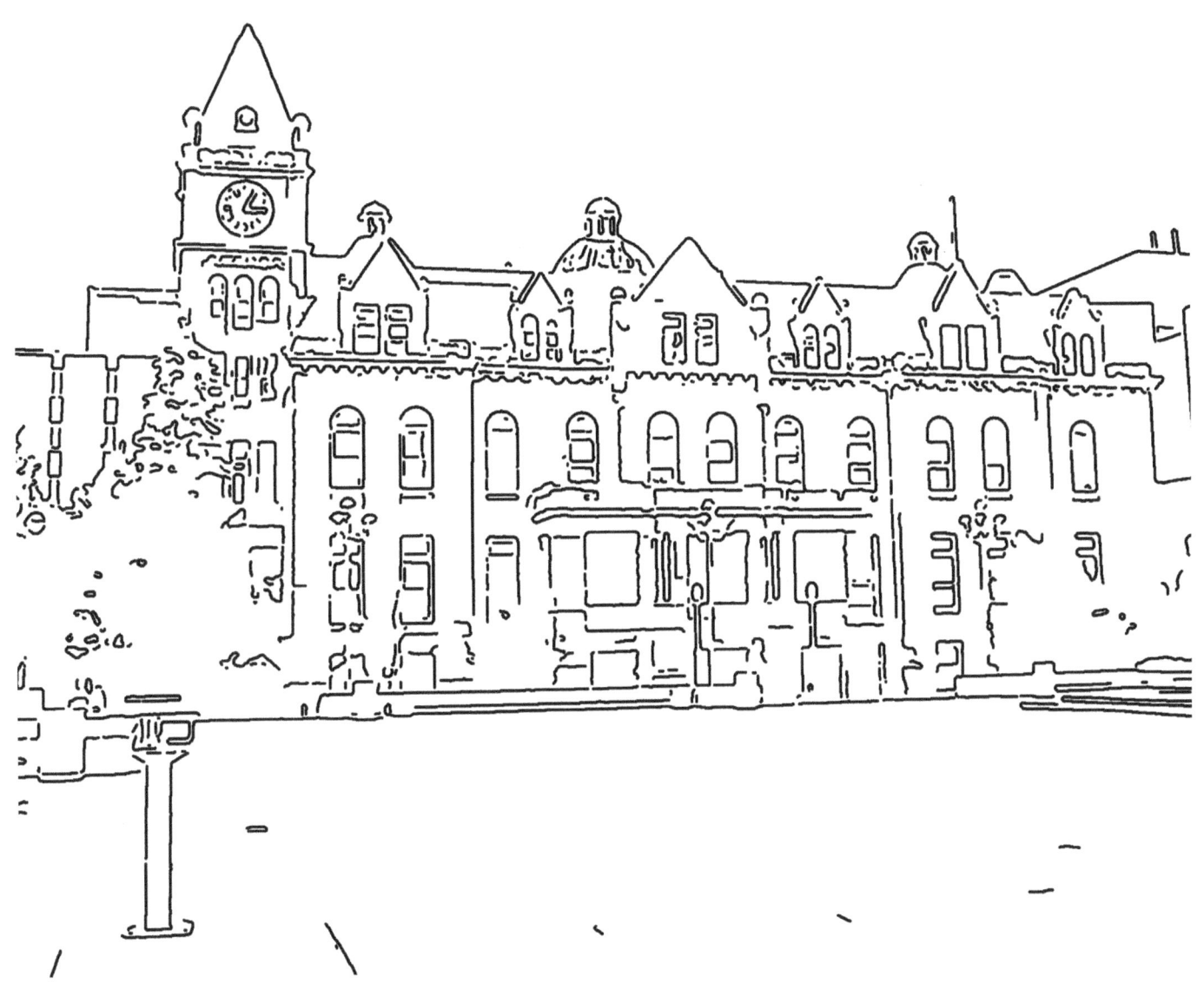

**Historical Municipal Building
(Calgary, Alberta)**

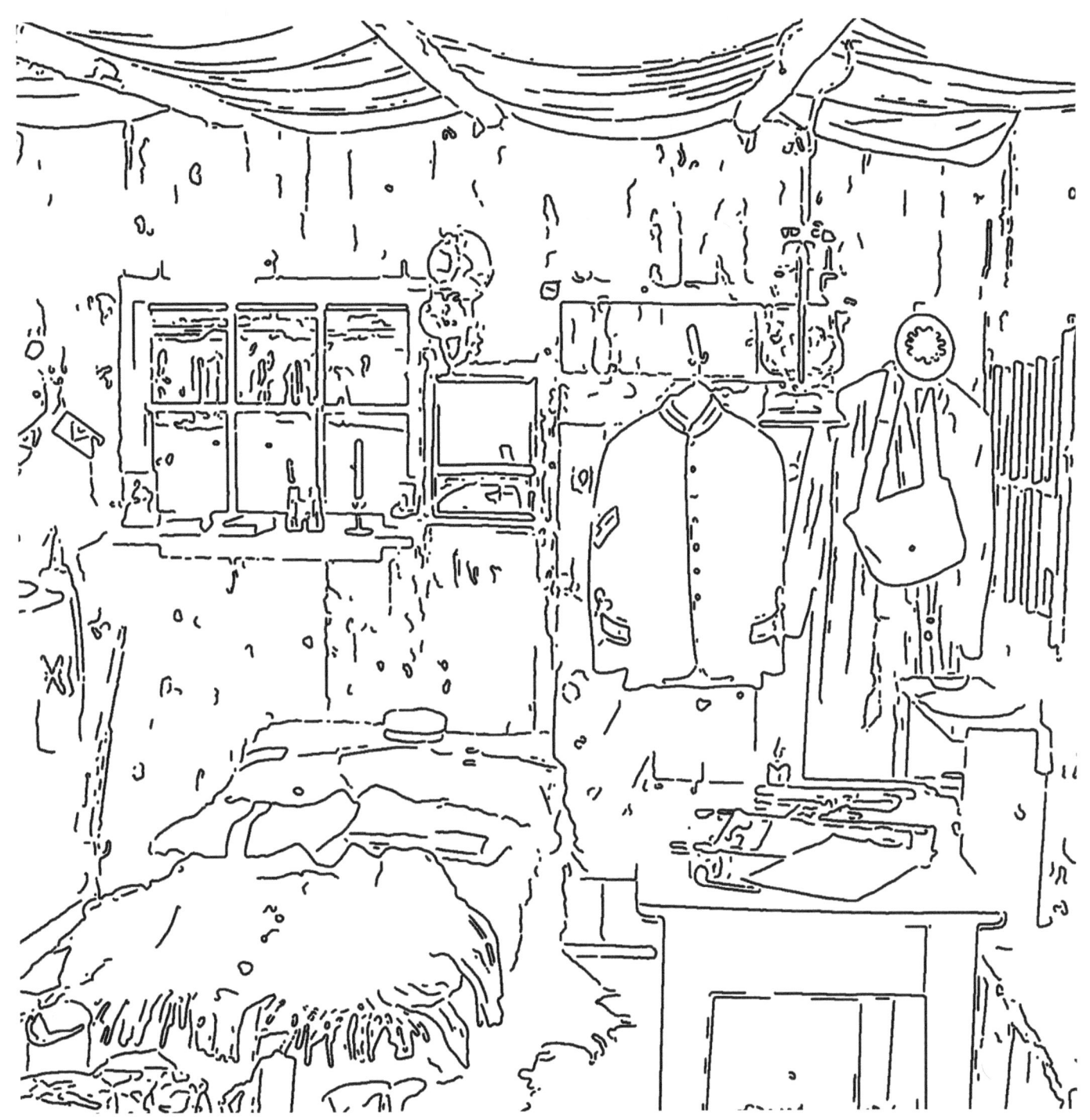

**Fort Calgary
(Calgary, Alberta)**

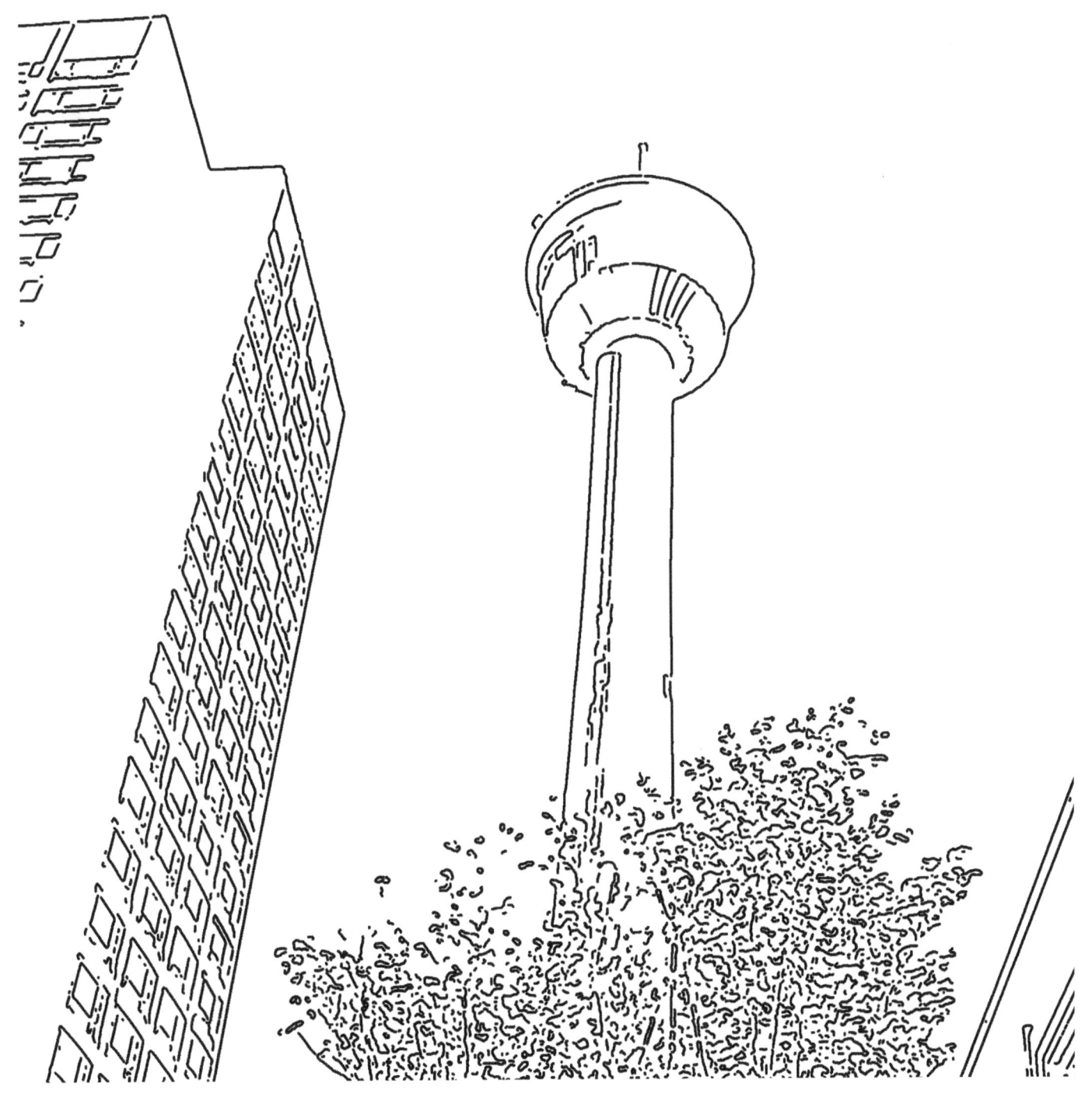

**Calgary Tower
(Calgary, Alberta)**

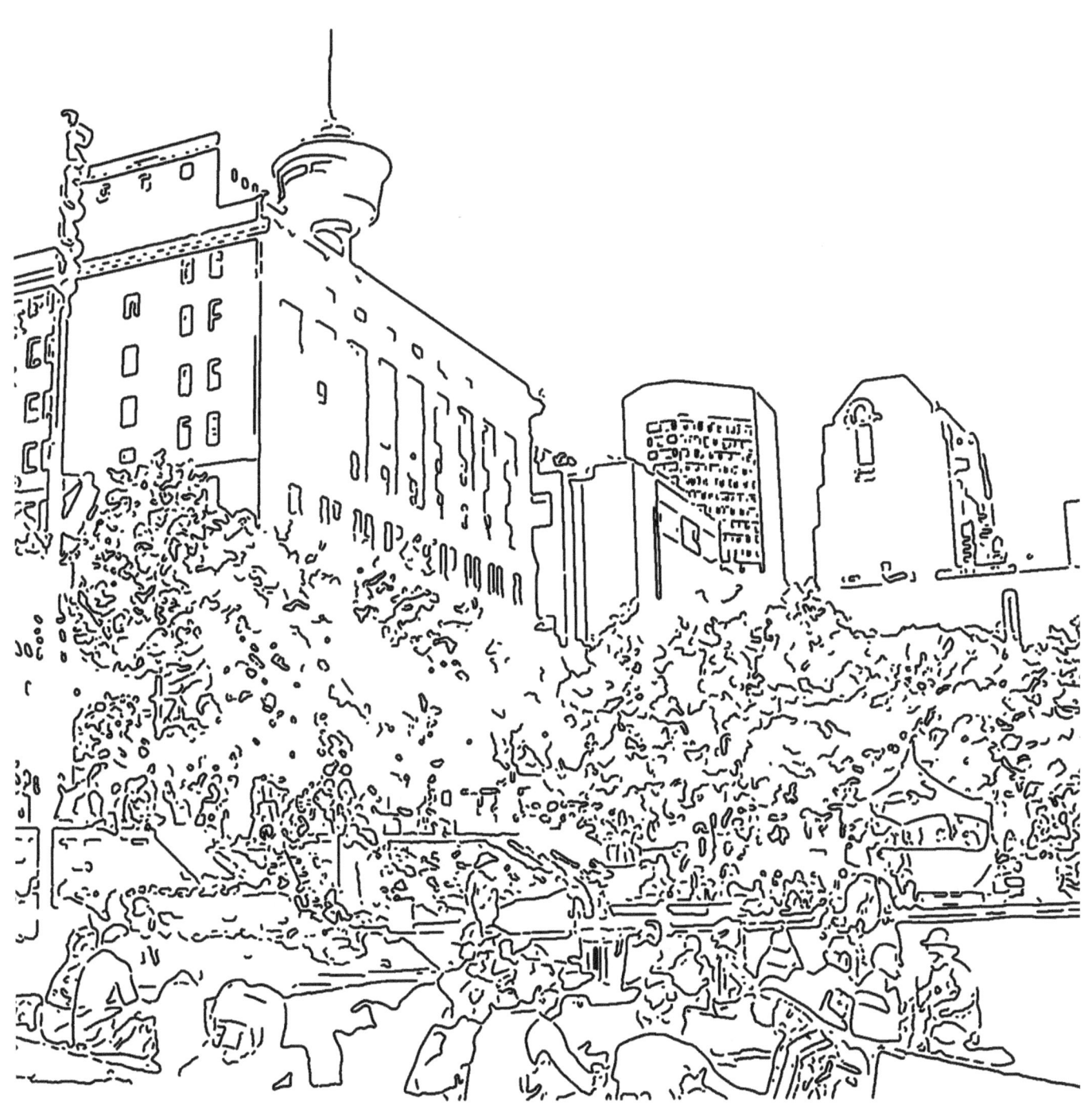

**Downtown
(Calgary, Alberta)**

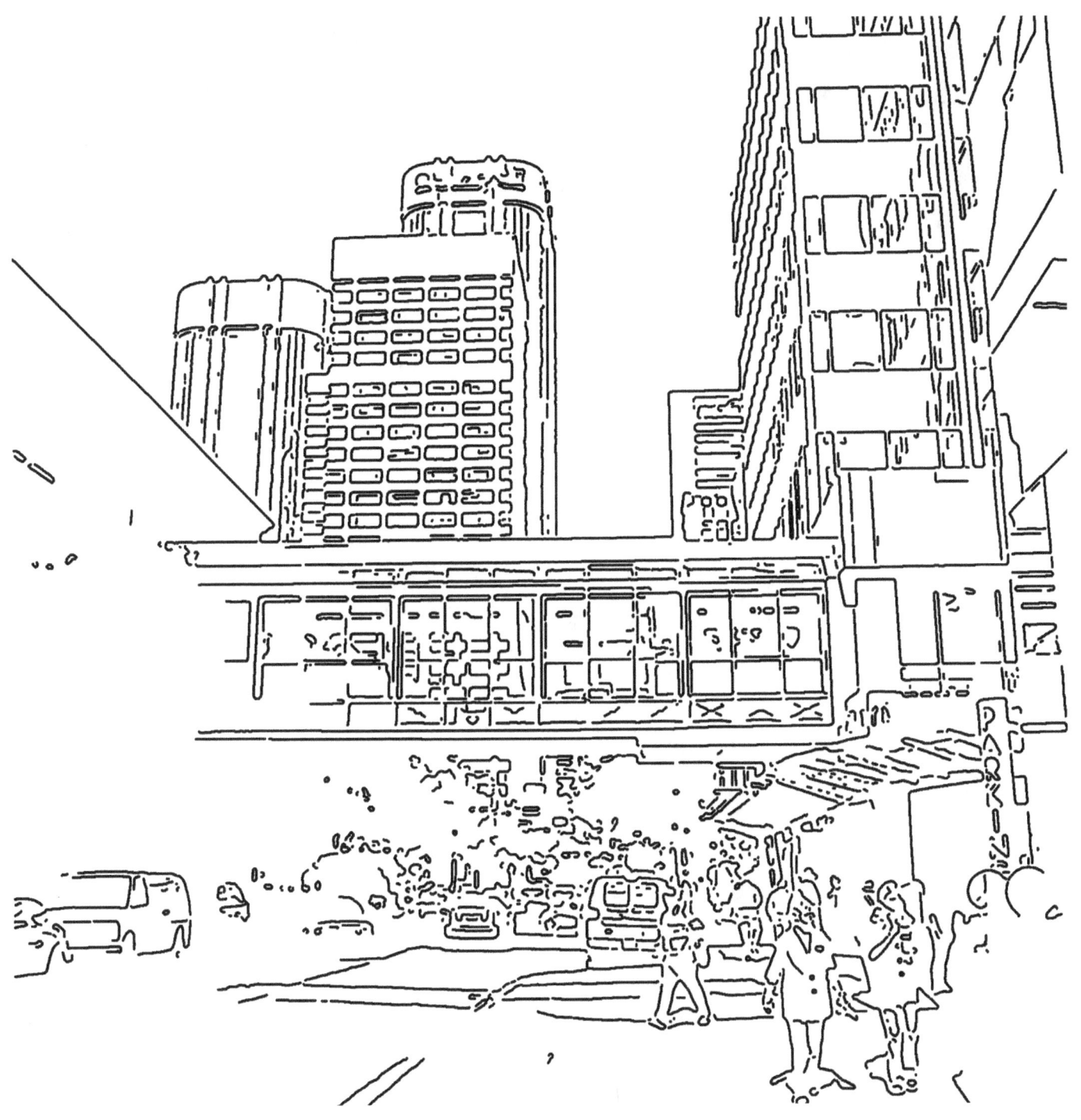

**Downtown
(Calgary, Alberta)**

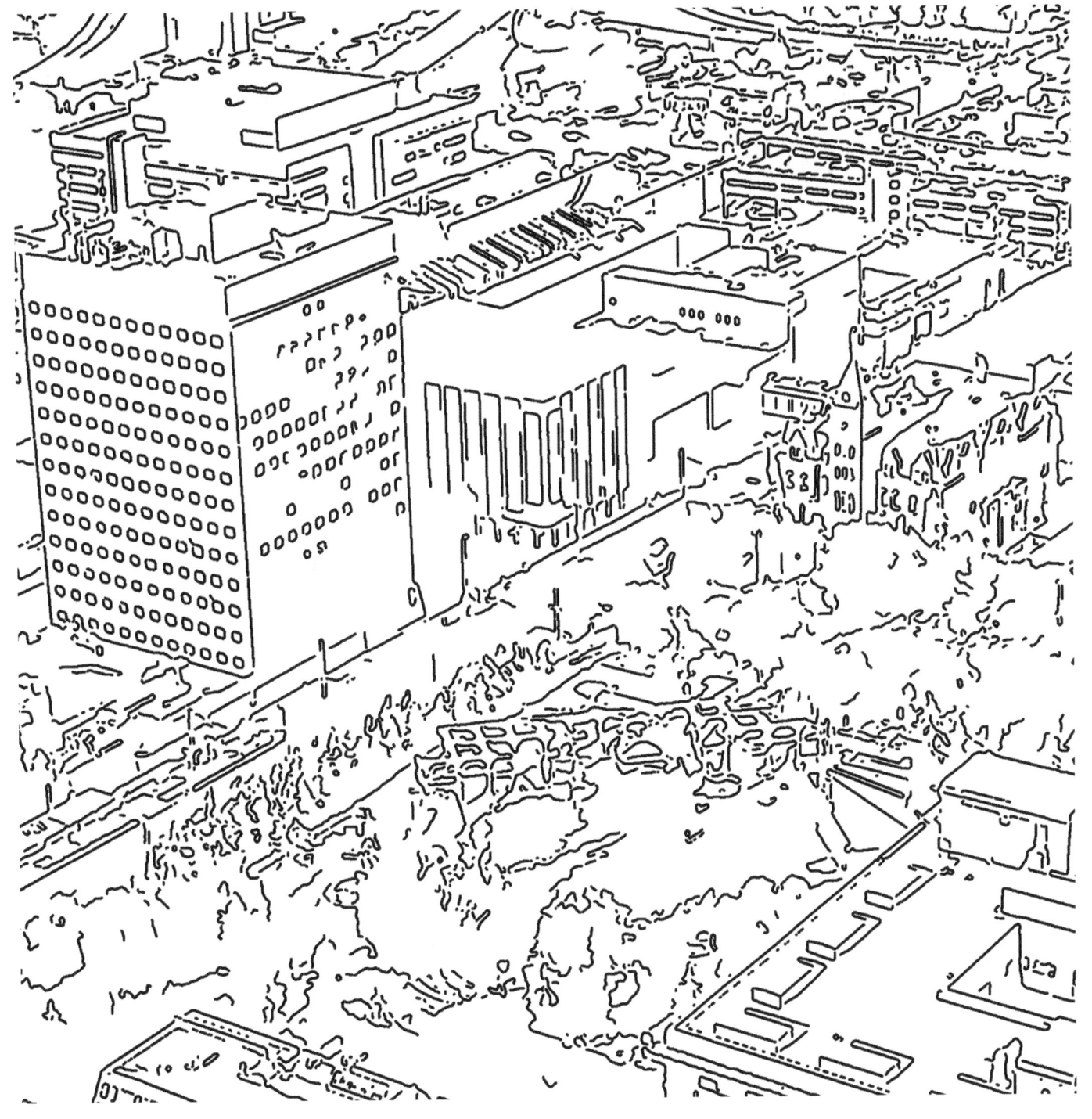

**Olympic Plaza
(Calgary, Alberta)**

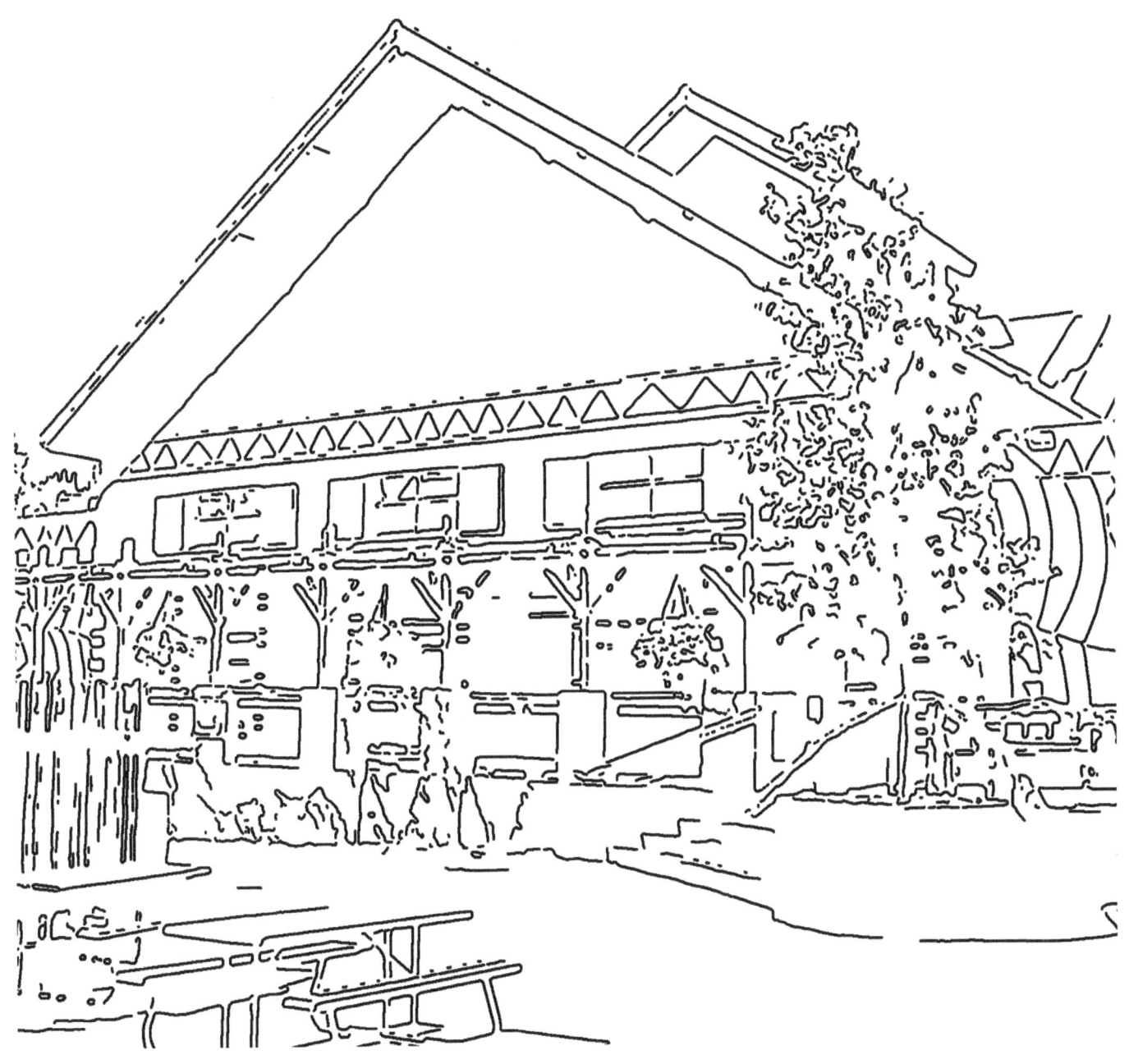

Calgary Zoo & Prehistoric Park
(Calgary, Alberta)